高校体育教学
拓展与提高

李松涛 ◎ 著

中国出版集团

中译出版社

图书在版编目（CIP）数据

高校体育教学拓展与提高 / 李松涛著. -- 北京：
中译出版社，2024.7. -- ISBN 978-7-5001-8026-5

Ⅰ. G807.4

中国国家版本馆CIP数据核字第20248A26K3号

高校体育教学拓展与提高

GAOXIAO TIYU JIAOXUE TUOZHAN YU TIGAO

出版发行 / 中译出版社
地　　址 / 北京市西城区新街口外大街28号普天德胜大厦主楼4层
电　　话 / （010）68359827, 68359303（发行部）；68359287（编辑部）
邮　　编 / 100044
传　　真 / （010）68357870
电子邮箱 / book@ctph.com.cn
网　　址 / http://www.ctph.com.cn

策划编辑 / 于建军
责任编辑 / 于建军
封面设计 / 蓝　博

排　　版 / 雅　琪
印　　刷 / 廊坊市文峰档案印务有限公司
经　　销 / 新华书店

规　　格 / 710毫米×1000毫米　　1/16
印　　张 / 11.25
字　　数 / 200千字
版　　次 / 2025年1月第1版
印　　次 / 2025年1月第1次

ISBN 978-7-5001-8026-5　　　　　　　**定价：78.00元**

　　大学生是祖国未来现代化建设的重要力量。他们承载着国家的希望和未来发展的重任。在21世纪，随着社会的不断进步和发展，对大学生的要求也越来越高。除了专业知识和技能外，健康的体魄、良好的心理素质以及高尚的道德情操已成为对当代大学生的基本要求。正值身体发育旺盛期的大学生，特别需要树立"健康第一"的理念，培养良好的体育锻炼习惯，掌握科学的体育锻炼方法，这不仅有助于增强个人的身体素质，还能对提高全民的体质水平产生积极影响，具有极其重要的意义。高校体育教学作为我国高等教育和体育教育的重要组成部分，承担着培养大学生全面健康发展的重要使命。通过高校体育教学，可以促进我国体育事业和教育事业的共同发展，推动大学生在身心健康、全面发展等方面取得更好的成绩，为国家的繁荣昌盛做出积极贡献。

　　本书系统地探讨了高校体育教学的多方面内容，旨在为教师、教育工作者以及体育教育研究者提供全面的理论与实践指导。本书共分七章，涵盖了从体育教学的基本理论到具体教学拓展的多元化实施方案。本书首先详细介绍了体育及体育教学的概念、基本原则及理论基础，为后续讨论奠定了理论框架。接下来聚焦于高校体育课程的设置与教学设计，提出了符合现代教育需求的课程体系构建方法，并探讨了课程评价体系的设计。第三章和第四章又分别从教学内容与方法以及教学项目的设计两个方面，展开对高校体育教学内容和方法的拓展与优化的深入分析。第五章着重讨论体育教学如何拓展学生的运动技能、团队协作能力及创新思维。第六章和第七章则分别探讨了体育教学所需资源的配备与管理以及体育教学与校园文化、社会资源的整合和信息化技术的应用。本书力求为读者呈现了一系列创新的教学策略和方法，还强调了实践中的可操作性和实效性，希望能为高校体育教师和教育管理者提供一些帮助。

由于作者水平有限，书中疏漏之处在所难免，恳请广大读者批评指正。

作者

2024 年 5 月

目 录
Contents

第一章 体育与体育教学 ·······················1

　　第一节 体育概述 ·······························1

　　第二节 体育教学的基本原则 ·······14

　　第三节 体育教学的理论基础 ·······21

第二章 高校体育课程设置与教学设计 ·······32

　　第一节 高校体育课程设置 ·······32

　　第二节 高校体育课程的教学设计 ·······40

　　第三节 高校体育课程的评价体系 ·······48

第三章 高校体育教学内容与方法的拓展 ·······58

　　第一节 体育教学内容的多元化与拓展 ·······58

　　第二节 体育教学方法的拓展与优化 ·······65

第四章 高校体育教学拓展的项目设计 ·······78

　　第一节 高校体育教学项目设计的原则 ·······78

　　第二节 不同体育项目的教学拓展设计 ·······84

第五章 高校体育教学拓展与能力培养 ·······93

　　第一节 高校体育教学拓展对学生运动技能的培养 ·······93

第二节　高校体育教学拓展对学生团队协作能力的培养 ······················ 100

第三节　高校体育教学拓展对学生创新思维的培养 ···························· 107

第六章　高校体育教学拓展的资源配备与管理 ································· 114

第一节　高校体育教学拓展的场地设施 ·· 114

第二节　高校体育教学拓展的信息资源 ·· 121

第三节　高校体育教学拓展的经费管理 ·· 132

第七章　高校体育教学拓展的多元化发展 ······································· 142

第一节　高校体育教学与校园文化的融合 ··· 142

第二节　高校体育教学与社会资源的结合 ··· 151

第三节　信息化技术在高校体育教学拓展中的应用 ···························· 160

参考文献 ·· 170

第一章　体育与体育教学

第一节　体育概述

一、体育的定义和内涵

（一）体育的概念

体育的发展与人类社会的演进密不可分。原始人类为了生存，在与自然界的斗争中逐渐形成了各种身体活动，如走、跑、跳、投掷、攀登、游泳等，这些活动主要用于谋生。随着社会的发展和生产方式的变革，人们对身体活动的认识也发生了变化，开始将身体活动用于锻炼身体，逐渐形成了现代体育的雏形。

体育作为一个专门的学科领域，是在人类社会长期的实践中逐步建立和发展起来的。它受到社会政治、经济等多方面因素的影响。虽然体育活动有着悠久的历史，但是"体育"这一词汇却相对较晚出现。在"体育"一词出现之前，世界各国对于体育活动的称谓并不统一。

"体育"一词的英文是 Physical Education，意为以身体活动为手段的教育，也可直译为身体的教育。体育不仅是一种身体活动，更是通过这种活动来培养人的身心健康和全面发展的教育过程。随着社会的不断进步和发展，体育教育的意义和作用日益凸显，成为人们追求健康、快乐生活的重要组成部分。

"体育"一词在含义上经历了演化过程。最初传入我国时，它指的是身体的教育，作为教育的一部分出现，是一种与维持和发展身体有关的教育过程，与国际上理解的"体育"是一致的。随着社会的进步和体育事业的发展，体育的目的和内容逐渐超出了原来"体育"的范畴，体育的概念也呈现出"广义"与"狭义"的解释。广义的体育包括体育运动，其中包括体育教育、竞技运动和身体锻炼三个方面;狭义的体育则专指体育教育。近年来,不少学者对"体育"的概念提出了各种解释,但基本上都趋于一致,即"体育是以身体活动为媒介,以谋求个体身心健康、全面发展为直接目的,并以培养完善的社会公民为终极目标的一种社会文化现象或教育过程。"这一定义既强调了体育的本质属性,又指出了它的归属范畴,同时也将体育与其他社会文化现象进行了区分。然而,体育的概念并非一成不变,随着社会的发展和进步,对体育的认识也将不断发展。

(二)体育的功能

体育的功能是指体育以其自身特点作用于人和社会所能产生的良好影响和效益。体育如果不具备自身固有的特点,就不可能产生任何功能。如果体育功能不为人们和社会所接受、利用,则它的功能也不可能得到发挥并产生效益。千百年来,体育之所以能得到不断发展,而且越来越受到世界各国的重视,正是人们对体育功能的认识和利用的结果。随着社会发展和人们对体育功能认识的进一步深入和提高,体育的功能将会越来越多地被发现和发挥,并更好地为人类的物质文明和精神文明建设服务。体育的功能包括教育功能、健身娱乐功能、培养竞争意识功能、经济功能和交往功能等。

1.教育的功能

体育具有教育的功能,这是其最本质的特征之一。从原始社会体育的萌芽阶段开始,体育就一直作为教育的手段之一传承至今。原始社会的跑、跳、投等活动项目仍然在现代竞技体育中保留着,这展示了体育作为教育手段的悠久历史。而现代体育教育的目标已经远远超越了促进生长发育和增强体质的阶段,更侧重于培养人们终身体育兴趣和习惯,改善生活方式,以适应现代社会的需求。因此,体育的教育功能不仅体现在学校体育中,也包括竞技体育和群众体育。

在竞技体育中,运动员们以更高、更快、更强的奥林匹克精神,展现出无私奉献和顽强拼搏的品质,这种精神深深地感染和教育着观众。在群众体育中,通过完善身体机能、改善身心健康以及促进人际交往和培养顽强精神等方面的锻炼,也体现了体育的教育作用。将这些功能纳入人的社会化培养体系之中,体育实际上是为了帮助个体适应社会生存、提高生活质量和创造未来生活的一种教育方式。

在学校体育教育中，必须以"终身教育"作为主要奋斗目标。具体而言，通过体育锻炼和适应能力的培养，培养学生的运动兴趣，养成良好的运动习惯，为他们的就业和适应现代社会生活做好准备。只有通过这种方式，人类才能够更好地适应社会的发展，延续文明，创造美好的未来。

2. 健身娱乐的功能

通过体育锻炼，人们可以增强体质、促进健康、预防疾病、调节生活，并从中获得乐趣。在现代社会，随着工作和生活节奏的加快，对健康的需求也日益增加。健康并不仅仅意味着没有疾病，事实上有很多人处于亚健康状态，需要通过体育锻炼来改善自身状态、促进健康。体育的目标之一就是教会人们如何合理有效地保护身体健康和促进身体发展。它是一种利用身体锻炼来完善自身的活动过程。身体锻炼可以引发神经肌肉的活动，这对保持人体运动器官和其他器官的良好功能至关重要。合理科学的身体锻炼是确保人体充分发挥潜能的有效途径。健康和快乐的一生不仅依赖于身体锻炼，还需要对身体娱乐活动的热爱和投入。现代社会为人类的身体娱乐活动提供了越来越好的条件，包括时间、财力和营养等方面的支持。因此，体育的健身娱乐功能在未来社会将会越来越受到重视，成为人们追求健康生活的重要方式之一。

3. 培养竞争意识的功能

竞技体育的特点之一就是激烈的竞争，而国际比赛更是具有广泛的国际性。这种竞争不仅关系着一个国家的荣辱和民族形象，还会在人们的思想感情上产生强烈的反响。类似于竞技场上的比赛，人类生活中无处不在的竞争也是在不断地完善和超越自我。运动场作为一个特殊的社会环境，是一个人们展示自我、超越自我的场所。在运动场上，人们通过与他人竞争，不断提升自己的竞技水平和心理素质。无论是观赛还是参赛，运动场都为人们在现实生活中即将发生的竞争提供了极佳的预演场所。运动场上的竞争，促使人们培养出胜不骄、败不馁、奋发向上、顽强拼搏的品质。在竞技体育中，胜利者值得敬佩，但同样好的输家也同样值得尊重。这种公平竞争的精神是社会生活中所需要的，它能够帮助人们培养出合理的竞争意识，从而更好地适应社会的发展。奥林匹克运动的创始人顾拜旦，是一位教育家，他通过奥林匹克运动将体育与文化教育融为一体。现代奥林匹克运动会的发展，对于不同国家的人们都产生了重大影响，这主要归功于它对于人类的重大教育作用。竞技体育不仅仅是为了夺取金牌，更重要的是通过竞技运动中的竞争，达到教育人类不断完善和超越自我的目的，这种意义远远超出了金牌本身的价值。

4. 经济的功能

体育锻炼可以提高劳动者的身体素质，从而增强其劳动能力。在商品经济的社会中，劳动生产力的提高是社会经济发展的重要标志。人的身体素质作为劳动生产力的物质基础，对于提高劳动者的健康水平和劳动能力至关重要。因此，体育运动在提高身体素质方面发挥了重要作用，为社会经济的发展做出了贡献。体育作为第三产业，向社会提供各种服务消费品。现代社会对体育娱乐的需求日益增加，体育项目和比赛成为人们生活的重要组成部分。在体育产业中，可以提供健身、观赏、娱乐等综合性特殊消费品，从而为社会带来经济效益。体育产业也可以通过多种途径追求经济效益。一些经济发达国家重视发挥体育的经济功能，通过出售比赛的转播权、发行纪念品、体育彩票等方式获得收入。同时，体育场馆设施的利用率提高、体育旅游的发展、体育训练班的举办等也可以为体育产业带来可观的经济收益。体育产业与市场不断接轨，出现了各种形式的市场化运作。例如，企业赞助、公司集团办运动队等都是体育产业向市场化发展的表现。在这个过程中，劳务市场、体育健康娱乐市场、体育培训咨询市场等不断涌现，体育产业不仅成了一种社会服务，也成了一个具有广阔发展前景的产业。

5. 交往的功能

体育比赛可以成为人们交流和沟通的平台。在激烈的体育比赛中，人们不仅仅是在观赏运动员的比赛，更是在共同体验、分享和表达情感。通过观看比赛，人们可以共同感受到比赛带来的喜怒哀乐，增进彼此之间的情感交流。参与体育活动的个体在共同的运动过程中产生共鸣，增进彼此之间的了解和信任。尤其是在群体性的体育活动中，人们通过共同训练、比赛等活动，建立起深厚的友谊和团结，加强社会群体之间的联系。体育活动也能够促进民族团结和国家凝聚力的增强。在全国性体育盛会等重大活动中，各个民族的运动员和观众聚集在一起，通过共同的体育竞赛和交流活动，加深了彼此之间的了解和认同，促进了民族间的友谊和团结，激发了人们对祖国的热爱和归属感。体育运动也具有促进国际友好关系的功能。体育可以超越语言和社会的障碍，将不同国家、不同民族的人们聚集在一起。通过国际性的体育比赛和交流活动，人们可以加深相互之间的了解和友谊，增进国际间的合作与交流，发挥体育在促进国际友好关系和外交活动中的重要作用。

（三）体育锻炼的作用

1.使人头脑发达，思维敏捷

在体育运动中，人们需要通过感知器官接收各种外界刺激，并做出相应的反应。这些刺激不断地对大脑皮层进行复杂的刺激，引起大脑皮层细胞的活动。例如，打乒乓球时，接球者需要对对方发球的各种参数进行分析和综合判断，这种复杂的思维活动可以促进大脑皮层的活跃。体育活动中的各种技术动作和战术配合需要通过后天学习和训练建立起来的反射活动，即条件反射。这些条件反射的建立需要大脑皮层进行复合性的强化刺激，从而使大脑皮层的兴奋与抑制更加深入、更加集中，提高了人们的条件反射能力。通过体育活动，人们不仅可以锻炼身体，还可以促进神经系统的发育和功能的提升，从而增强大脑的认知和思维能力。例如，从事竞技体操运动时，运动员需要建立各对抗肌中枢之间兴奋和抑制交替活动的动力定型，这种训练可以促进神经系统的发育和功能的提升。

2.促进血液循环，提高心脏功能

在进行体育活动时，人体需要更多的氧气和营养物质供给肌肉和各个器官，同时排出更多的代谢产物。因此，体育活动时，心脏会加快跳动，增加每分钟向全身输送血液的量，从而加速了血液在体内的循环。这种加速的血液循环有助于保持身体各部位的供氧和排毒功能，提高了整体的代谢效率。体育活动时，心脏需要不断地为身体输送血液，这会刺激心脏的肌肉发育和强化。长期坚持体育锻炼可以使心脏运动性肥大，增加心脏的收缩力和输出量，提高心脏的负荷能力。此外，体育活动还有助于提高心脏的调节功能，使心脏能够更快速地适应运动的需要，保持心率的稳定。通过促进血液循环和增强心脏功能，体育活动可以减少血管壁上胆固醇的积累，降低血压，预防动脉硬化等心血管疾病的发生。长期坚持体育锻炼还可以改善血脂水平，增强血管壁的弹性，进一步

降低心血管疾病的风险。

3. 改善呼吸功能

在进行体育活动时，身体需要更多的氧气供给肌肉和组织，从而加速新鲜空气的吸入和二氧化碳的排出。这就需要呼吸肌肉不断地进行收缩和舒张，以维持正常的呼吸。长期坚持体育锻炼可以使呼吸肌肉更加强壮和耐力更强，提高了肺活量和呼吸频率的调节能力。

肺活量是指肺部在最大呼吸和最大吸气后能排出的空气量，是评价呼吸系统功能的重要指标之一。通过体育锻炼，特别是有氧运动，可以增加肺部的弹性和容量，使肺泡更充分地扩张和收缩，从而增加了肺活量，提高了肺部的气体交换效率。通过体育活动，身体对氧气的利用效率会逐渐提高，即使在剧烈运动时，也能更有效地利用身体吸入的氧气来供给肌肉和组织，从而延缓疲劳，提高运动表现。这是因为体育活动可以促进心血管系统的发展，增加毛细血管的数量和扩张，改善氧气和营养物质的输送效率，提高了细胞对氧气的利用率。

4. 促进骨骼、肌肉结实有力

体育活动，特别是重复性的有氧运动和负重训练，可以有效刺激骨骼的生长和骨密度的增加。持续的体育锻炼能够使管状骨变得更加粗壮、密实，骨小梁排列更加密集，骨结节增大，从而增强骨骼的抗压性和耐力。这些变化使得骨骼更加坚固、结实，并且有助于预防骨质疏松症等骨骼相关疾病。在体育活动中，肌肉需要不断地收缩和放松，以完成各种动作和运动任务。持续的体育锻炼可以促进肌肉纤维的增粗和肌肉块的增大，从而增强肌肉的力量和耐力。尤其是进行负重训练和力量训练，可以更加有效地增强肌肉力量和肌肉质量，使肌肉更加结实有力。不同类型的体育活动，如拉伸、柔韧性训练和运动技巧训练，可以增强肌肉的灵活性和伸展性，使肌肉更加柔软和富有弹性。这有助于减少运动中的受伤风险，提高身体的灵活性和协调性，使肌肉更加适应各种运动和活动。

5. 使人心情舒畅、精神愉快

大多数体育活动都是在户外进行的，如慢跑、骑行、徒步等，这使得人们能够享受大自然的美景和清新的空气。在阳光明媚的日子里，感受微风拂面、阳光洒落的愉悦，能够带来身心的放松和愉快的心情。体育锻炼释放了身体的能量，促进了身体内部的化学反应。通过运动，人体释放出来的内啡肽和多巴胺等神经递质能够改善人的情绪，让人感到愉悦和轻松。这种内源性的化学物质使得人们在运动过程中能够体验到一种愉快的心境。

在忙碌的工作和生活中，人们常常承受着各种压力和焦虑。而通过体育锻炼，人们可以将这些负面情绪释放出来，让身心得到放松和舒缓。运动可以让人们忘却烦恼，专注于当下的运动过程，从而缓解压力和焦虑，使心情变得更加轻松愉快。参与体育活动的过程中，人们常常与他人进行互动和交流，分享运动的乐趣和体验。这种社交互动不仅增强了人际关系，还能够增加人们的社交圈子，带来愉快的社交体验，从而使人的心情更加舒畅。

二、体育的发展历程

（一）体育的起源和古代体育

体育的起源可以在人类文明的早期找到，当时的体育活动主要以生存和狩猎为目的。在远古时期，人类生活在自然环境中，经常需要进行奔跑、爬行、跳跃等活动以获取食物或躲避危险。这些基本的动作活动，可以被认为是体育的雏形，是人类在自然环境中生存的基本技能。随着人类社会的发展，体育逐渐演变成为一种文化现象，并在各个文明古国得到了发展。在古代，许多文明古国都有其独特的体育活动和体育文化。例如，在古埃及，人们进行了各种形式的竞技活动，如击球、跳跃、摔跤等，这些活动被记录在壁画和雕塑中，反映了古埃及人对体育的重视。在古希腊，体育活动被视为一种神圣的仪式，与宗教信仰和民族精神紧密相连。古希腊的奥林匹克运动会便是体育发展史上的一个重要里程碑，奠定了体育竞技活动的基础，并影响了后世的体育发展。在我国体育活动也有着悠久的历史。早在新石器时代，中国古人就进行了一些原始的体育活动，如射箭、打猎等。随着社会的发展，古代中国逐渐形成了自己独特的体育文化，如武术、射箭、骑射等。这些活动不仅是一种体育技能的训练，也是一种文化传承和民族精神的体现。古代中国的体育活动还与宗教信仰、道德教化等密切相关，体现了古代中国人对体育的综合理解和重视。

（二）近代体育的兴起和奥林匹克运动

近代体育的兴起可以追溯到 18 世纪末至 19 世纪初的欧洲。在这个时期，随着工业革命的兴起和城市化进程的加速，人们的生活方式发生了巨大变化，体育活动也因此受到了重视。工业化城市的出现带来了新的休闲方式和娱乐活动，体育逐渐从贵族阶层的专属活动转变为大众的娱乐和健身手段。

19世纪中叶以来，体育运动在欧洲迅速传播和发展，形成了许多现代体育项目的雏形。体操、田径、游泳、拳击等运动项目相继产生，并逐渐成为受欢迎的体育竞技项目。此外，体育运动在学校教育中也开始得到重视，体育课程被纳入学校教学计划，学生们开始接受系统的体育训练。19世纪末至20世纪初，奥林匹克运动的兴起标志着现代体育的新篇章。1896年，第一届现代奥运会在希腊的雅典举办，这一历史性事件标志着奥林匹克精神的复兴和现代奥林匹克运动的开端。奥林匹克运动的理念是"更快、更高、更强"，强调体育运动的竞技性和人类精神的追求。奥运会的举办不仅促进了各国之间的体育交流和友谊，也成为世界范围内体育事业发展的重要推动力量。

随着奥林匹克运动的发展，各种新兴的体育项目不断涌现，体育竞技水平不断提高，奥运会成了世界上最高水平的体育盛会之一。奥运会的影响力不断扩大，体育成为连接各国人民、促进世界和平与发展的重要纽带。同时，奥运会也推动了体育产业的发展和体育事业的普及，为全球体育运动的繁荣做出了重要贡献。

（三）当代体育的发展态势

当代体育的发展态势展现出了多样性、创新性和全球化的趋势，这一趋势在各个方面都具有深远的影响。全球体育产业正在经历蓬勃发展的阶段。随着全球经济的快速增长和人们生活水平的提高，体育产业已经成为一个具有巨大市场潜力的新兴产业。体育娱乐、体育用品、体育赛事、体育旅游等领域的市场规模不断扩大，成为各国经济增长的重要支柱之一。例如，体育赛事的转播权、体育用品的销售额以及体育旅游的市场规模都在不断增长，为全球经济增长带来了新的动力。

科技与体育的深度融合是当代体育发展的一个显著特点。随着科技的迅速发展，各种科技手段被广泛应用于体育领域，为体育运动带来了前所未有的变革。例如，运动装备的材料和设计不断创新，运动数据的实时监测和分析为运动员提供了更精准的训练指导，而虚拟现实技术的应用则丰富了观众的体育观赏体验。科技的进步为体育运动提供了更好的训练和竞技条件，也为观众提供了更丰富的观赏体验，推动了体育运动的发展。

全球化的深入发展使得体育项目的传播和交流呈现出日益频繁的趋势。各种国际体育赛事、体育培训交流项目以及跨国体育投资等形式不断涌现，促进了各国之间在体育领域的合作与交流。体育成了连接不同国家和地区的纽带，促进了世界各地人民之间的相互了解和友谊。此外，大众体育和健身热潮在当代社会中愈发明显。随着人们生活水平的提高和生活方式的改变，大众体育和健身活动逐渐成为人们生活的重要组成部分。各种形式的健身运动如跑步、健身操、瑜伽、游泳等受到越来越多人的青睐，体育健身成了一种时尚和生活态度。人们逐渐意识到健康的重要性，开始注重体育锻炼，并将其融入日常生活中，从而促进了体育健康产业的蓬勃发展。

体育不仅仅是一种娱乐和健身手段，更是与社会问题密切相关的重要平台。体育运动在推动社会公益事业、促进社会和谐、关注环境保护等方面发挥着重要作用，成为社会发展进程中不可或缺的一部分。例如，各种体育公益活动、体育赛事慈善捐赠等形式都成了社会公益事业的重要组成部分，为社会发展做出了积极贡献。

三、体育的分类

（一）按参与目的分类

体育的分类可以根据参与的目的和目标进行划分，主要包括竞技体育、教育体育和休闲体育。这些不同类型的体育活动在人们的生活中扮演着不同的角色，满足着个体的需求和社会的功能。

1. 竞技体育

竞技体育是指以竞技和比赛为主要目的的体育活动。这种体育活动通常涉及专业运动员和高水平的比赛，旨在通过比拼技术、体能和意志力来决定胜负，以获得荣誉、奖金或其他形式的奖励。竞技体育的典型代表包括各种国际体育比赛，例如奥运会、世界杯等，以及国内的职业联赛，如足球联赛、篮球联赛等。这些比赛吸引了大量的观众和媒体关注，对运动员的身体素质和技能要求较高，是体育界的焦点和热点。

2. 教育体育

教育体育是指以教育为主要目的的体育活动。这种体育活动通常发生在学校、社区或其他教育机构中，旨在通过体育运动促进学生的身心健康、全面发展和价值观的培养。教育体育强调个体的发展和全面素质的培养，注重学生的身体素质、团队合作、领导能力等方面的提升。教育体育的形式多种多样，包括体育课、校园运动会、体育俱乐部等，通过这些活动，学生可以培养自信心、毅力和团队精神，为他们的成长和发展奠定良好的基础。

3. 休闲体育

休闲体育是指以娱乐和放松为主要目的的体育活动。这种体育活动通常发生在业余时间和休闲场所，旨在帮助人们放松身心、增强健康、丰富生活。休闲体育的形式多样，包括跑步、骑行、健身、游泳、打球等，以及户外探险和旅游等活动。休闲体育注重个体的舒适和愉悦，不受时间和场地的限制，适合各个年龄段和不同身体条件的人群参与。它不仅可以帮助人们释放压力、调节情绪，还可以促进社交、增进友谊，是现代都市生活中不可或缺的一部分。

（二）按运动项目分类

按运动项目分类是一种常见的方式，它将体育运动根据具体的运动项目进行了区分和归类。这种分类方法主要是基于不同的运动项目所涉及的技能、规则和比赛形式的不同。

球类运动：包括足球、篮球、排球、网球、乒乓球、羽毛球等。这些项目通常都是以球为主要工具，在场地上进行的团体或个人比赛，具有明确的规则和比赛形式。

田径运动：涵盖了各种田径项目，如短跑、中长跑、长跑、跳高、跳远、铁饼、标枪等。这些项目主要是基于人体运动能力和技术的表现，常常在操场或专门的比赛场地上进行。

水上运动：包括游泳、跳水、水球、皮划艇、帆船等。这些项目是在水域中进行的，需要运动员具备相应的水性和技术，通常在泳池、游泳馆或水上运动场地进行比赛。

格斗与武术运动：如拳击、跆拳道、柔道、空手道、功夫等。这些项目注重技击技术和对抗能力的表现，通常在擂台或竞技场上进行比赛。

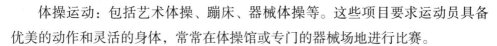

体操运动：包括艺术体操、蹦床、器械体操等。这些项目要求运动员具备优美的动作和灵活的身体，常常在体操馆或专门的器械场地进行比赛。

团队运动：如曲棍球、橄榄球、冰球等，这些项目是由团队合作进行的，需要团队中的每个成员发挥各自的技能和角色，通常在场地上或冰面上进行比赛。

极限运动：如滑板、攀岩、极限跳伞、特技滑雪等。这些项目强调运动员的勇气、技术和挑战极限的精神，常常在特定的场地或极限运动基地进行。

传统体育项目：如击剑、马术、射箭、高尔夫等，这些项目具有悠久的历史和文化传统，注重技术和精准度，在专门的场地或场所进行。

通过按照运动项目进行分类，可以更清晰地了解每种体育项目的特点和要求，以及运动员在比赛中所展现的技能和能力。这种分类方法也有助于运动员选择适合自己的运动项目，并为相关的体育教学和训练提供指导和参考。

四、体育与健康

体育与健康息息相关，两者之间存在着密切的联系和相互影响。体育活动是促进健康的重要手段之一，而健康的身体也是参与体育活动的基础和前提。在现代社会，随着人们生活水平的提高和工作节奏的加快，健康问题日益受到关注，而体育运动作为一种健康生活方式的重要组成部分，对促进健康、增强体质、预防疾病具有重要意义。

体育活动对身体健康有着显著的促进作用。通过体育锻炼，人体的各个系统能够得到有效的运动和训练，促进血液循环、增强心肺功能、提高代谢水平，从而有效预防和改善一系列慢性疾病，如高血压、糖尿病、肥胖等。此外，适度的体育锻炼还能增强人体的免疫力，提高抵抗力，减少感染性疾病的发生。现代生活节奏快、压力大，容易导致心理问题的出现，如焦虑、抑郁等。而体育运动可以有效缓解压力，减轻心理负担，促进情绪的释放和调节。运动时释放的内啡肽等神经递质有助于提升人的心情和情绪状态，增强自信心，培养乐观积极的心态，从而提高生活质量，增进社交关系。通过体育活动，人们能够建立良好的生活习惯和行为模式，提高对健康的重视和自我保护意识，从而减少疾病的发生和社会医疗资源的压力。此外，体育运动还有助于增强社会凝聚力和团队精神，促进社会和谐稳定，营造积极向上的社会氛围。

五、体育与文化

（一）体育的文化内涵

体育与文化有着密切的联系，体育不仅是一种身体活动，更是一种文化现象，承载着丰富的文化内涵。

体育是人类文化的重要组成部分，反映了不同文化背景下的生活方式、价值观念和社会秩序。不同国家和地区的体育项目、体育规则、体育精神都反映了当地的历史、传统和文化特色。例如，中国的太极拳、美国的篮球等体育项目都蕴含着深厚的文化内涵，体现了各自文化的独特魅力。许多体育项目源自民间传统，承载着民族文化的记忆和情感。例如，中国的武术、西班牙的斗牛、蒙古的赛马等体育活动都与当地的文化传统密切相关，成了民族文化的重要象征和传承载体。随着全球化进程的加速，体育成了连接不同国家和民族的纽带，促进了文化的交流和融合。国际体育赛事、体育交流活动不仅是体育竞技的展示，更是不同文化之间的对话和交流，有助于增进各国人民之间的了解和友谊。

参与体育活动可以培养人们的意志品质、团队精神、合作意识等优秀品质，促进个体的全面发展和人格的完善。体育精神，如团结协作、拼搏进取、公平竞争等，是一种积极向上的文化价值观，对于社会文化建设和个人素质提升具有重要意义。

（二）体育与民族文化传承

体育与民族文化传承密不可分，体育活动承载着民族文化的传统和精髓，是民族文化的生动表现和重要传承载体。

许多体育项目源于民族传统和文化背景。各个民族在长期的生活实践中形成了丰富多样的体育活动，如中国的武术、蒙古的赛马、日本的相扑等，这些体育项目既是民族文化的传承，也是民族身体智慧和精神价值的体现。通过代代相传、世代练习，这些体育项目成了民族文化的重要组成部分，承载着民族的历史、传统和文化认同。各个民族的体育活动都蕴含着特定的民族精神和价值观，如中国的团结互助、日本的尊重礼仪、非洲的勇敢拼搏等。通过参与体育活动，人们能够感受到民族文化的魅力，领悟到民族精神的内涵，进而传承和弘扬这些优秀的民族精神，促进民族文化的传承和发展。

随着全球化进程的加速，各种文化之间的交流和融合日益频繁，民族文化的保护和传承显得尤为重要。通过弘扬传统的体育项目和文化活动，民族文化得以传承和发展，民族自信心得以增强，对外展示出的也是一种强大的文化软实力。虽然传统的体育项目承载着丰富的民族文化内涵，但随着社会的发展和时代的变迁，也需要适时地进行创新和发展。在传承传统的基础上，可以结合现代科技和理念，推出适应当今时代需求的体育活动，以更好地传承和弘扬民族文化。

（三）体育在文化交流中的作用

体育不仅是民族文化之间交流的重要形式，也是促进不同文化间相互理解、融合和友谊的桥梁。

体育活动具有生动直观的特点，能够通过身体动作、表演形式等直观的方式展示出不同文化的特色和风情。例如，国际体育比赛、运动会等都是不同国家之间展示自己文化的平台，人们通过观赏体育比赛了解其他国家的文化，促进了跨文化的交流和理解。通过体育比赛和交流活动，不同国家和民族之间可以加深彼此的了解和认知，增进相互之间的信任和友谊。当运动员代表自己的国家参加国际比赛时，他们不仅是体育运动员，更是文化的使者，他们的表现直接影响着国家形象和文化认同。

不同文化之间的交流和融合往往会激发出新的创意和想法，推动文化的创新和发展。例如，各种传统体育项目在跨文化交流中可以相互借鉴、融合，创造出新的体育运动形式和比赛规则，丰富了体育文化的内涵和形式。

体育交流还能够促进文化软实力的提升。随着全球化的深入发展，文化软实力愈发重要。通过体育交流活动，国家和地区可以展示自己的文化魅力和软实力，提升国家形象和国际地位。例如，国际体育赛事、世界杯等活动都是各国争相举办的文化盛事，有助于增强国家在国际舞台上的影响力和话语权。

第二节 体育教学的基本原则

一、健康原则

健康原则意味着教学应以增进学生健康为核心目标。无论是确定教学内容、选编教材，还是选择教学方法、运用教学手段，都应贯彻这一原则。在体育教学中，重点不仅在于促进学生的身体发展，更应关注心理健康，促进学生身心协调、健康地成长。过去体育教学偏向于生物观，现在则需要从心理学、社会学和生物学等多个角度全面认识体育教学的重要性。

随着社会的不断发展，人们对健康的认识也逐步提高并不断拓展。最初，人们认为健康只涉及生理方面，即身体健康、正常发育、无疾病，形成了简单的生物健康观。然而，后来人们意识到心理健康同样至关重要，健康不仅包括智力的正常发展，还需保持良好的精神状态和情绪意识。因此，提倡身心健康的全面发展。随后，人们意识到单纯的生理和心理健康观念还不够，还需要考虑社会学因素，如合作能力、集体意识、社会适应能力等。最终，形成了生理、心理、社会三维健康观，将这三种属性视为健康的不可分割部分，相辅相成，相互促进。世界卫生组织的健康定义也基于这一三维健康观，强调健康不仅仅是没有疾病或不虚弱，而是生理、心理、社会适应三方面均处于良好状态。在学校中，体育教育作为教育的重要组成部分，是促进学生健康发展的重要手段。因此，高校必须坚定树立健康原则，承担对健康的责任。长期以来，"应试教育"偏离了教育教学规律和学生身心发展规律，导致体育教育、健康教育长期被忽视。在某些时期，受到自然教育、技术教育、体质教育和竞技教育等思想观念的指导，学校体育教育偏离了其核心方向，即增强体质、促进身心健康。

健康原则不仅是学校体育的出发点，更是其归宿，它是评价学校体育成效的基本标准。学校体育的根本任务是培养身体健康、体魄健壮的学生，这一目标贯穿于体育教育的各个阶段。使广大学生体质明显改善，提高新时代国家建设者和保卫者的身体素质，都离不开健康原则的支撑。它不仅是实现这些目标的理论前提，更是对整个学校体育体系提出的基本要求。

健康原则不仅是对学校体育任务的高度概括，也是全体学生全面发展的基础。全国各个高校汇聚了亿万未来社会的中流砥柱，他们的健康体魄必须在学校里得到坚实的打造。高校体育作为保障他们拥有强健身体的有效手段，承载着重要使命。

　　同时，高校体育的目标与健康原则有着必然的一致性。健康不仅包括身体的健康，也包括心理的和谐发展，这与体育教育的根本目标是一致的。因此，高校体育既是为了提高学生的身体素质，也是为了促进他们身心健康的全面发展。在这个过程中，健康原则扮演着关键的角色，引领高校体育的发展方向，确保学生在体育教育中获得全面的成长与发展。

二、以学生为主体原则

　　学生为主体原则是体育教学中的核心理念，意味着学生在整个学习过程中扮演着主导角色，教师的行为和活动应该根据学生的需求和特点进行安排。在教学中，学生应该在教师的引导下积极主动地参与学习活动，充分发挥其独立性、主动性和创造性。

　　这一原则的理论基础和指导思想源自马克思主义关于人的全面发展学说。马克思强调人的全面发展，批判了资本主义社会只重视体力而忽视脑力和才能的片面发展。全面发展的人是个人才能与兴趣得到多方面发展，个人价值与尊严得到充分体现，主体地位得到充分确立的人。因此，主体性教育成为人全面发展的核心。主体性的发挥程度越大，个体的自由度越高，自我控制能力越强，其自主性、主动性和创造性就能得到更充分地展现。因此，学生主体性的发挥是学生全面发展的基础和前提。没有主体性的发展，学生的全面发展就无法实现。

　　以学生为主体原则是素质教育实现的根本保证，也是素质教育的核心。相较于应试教育，素质教育强调全体性、全面性和主体性，旨在培养具有创新意识和自主精神的新一代。素质教育是一项全方位的社会性基础教育改革，它涵盖了发展教育、保障教育权利、改革教育理念、改革教育管理以及改革教育的方法与内容等方面，是一项庞大的系统工程。

　　以学生为主体原则在素质教育中扮演着至关重要的角色。它强调的是从学校教育的角度出发，培养学生的主动参与意识，注重学生的个体发展。与素质教育相比，以学生为主体原则更加微观、细致，但它们之间是相辅相成、相互促进的关系。素质教育的根本目的在于挖掘每个人的潜能，创造多样化的发展机会，培养有主动精神和创新意识的新一代。因此，素质教育对主体性教学原则提出了必须要实践的要求，主体性教育是素质教育的核心体现。

当前的教学改革趋势是朝着主体性教学方向发展的。重点在于激发学生的主动性、积极性和创造性，培养具有个性和能力的学生。在体育教学中，学生是活动的主要方面，所有的教学活动都应该围绕着学生的需求和特点展开。尤其是在运动实践中，只有让学生主动参与、自主学习，才能真正培养他们的兴趣，使他们掌握运动技能。

学生为主体原则在体育教学中的应用，不仅是教学活动的指导思想，更是教育教学改革的重要方向。通过充分尊重和发挥学生的主体作用，才能更好地实现素质教育的目标，培养出更加优秀、有活力的新一代。

三、兴趣性原则

兴趣是反映一个人个性的心理特征之一，而学习兴趣则是表现在学习方面的个性。不同学生在学习兴趣上存在着显著的差异，这种差异对于学生的学习活动具有重要的意义。学习兴趣对学生的学习活动有着重要的影响。一旦学生对学习产生了兴趣，他们就会变得积极主动、心情愉快，愿意投入更多的精力和时间来学习。他们将会把学习看作一种乐趣，而不是一种负担。因此，要激发学生的学习积极性，就必须培养他们的学习兴趣。学习兴趣之所以能够激发学生的积极性，主要是因为它能够激发学生的求知欲，调动他们的注意力、努力和意志等心理因素，使他们能够集中精力进行学习，并且能够持续地保持下去。当学生的好奇心和求知欲得到满足时，他们会产生对新知识的需求，从而推动他们不断地探索更深、更广的知识领域。

在体育教学中，兴趣性原则强调的是在教学过程中要充分激发和培养学生的体育兴趣，通过有意识地强化和引导体育实践活动，挖掘学生的体育潜能，使其保持长久的动力，养成坚持体育锻炼的习惯和终身体育的意识，从而保障体育教学的顺利进行和教学任务的圆满完成。

运动兴趣作为实施终身体育的基础，对终身体育的实施起着至关重要的作用。兴趣在人的生活中具有巨大的推动作用，它不仅是获得知识、开阔眼界、丰富心理生活的重要动力，而且在幼儿和童年时期，对某种事物的兴趣可以转化为将来从事相关专业学习和研究的兴趣。运动兴趣的形成可以为今后终身主动参与体育锻炼打下基础。运动兴趣对学习体育知识、技能和技术具有推动作用。对感兴趣的体育活动，人们能够持久而集中地注意，从而保持清晰的感知、周密的思考和牢固的记忆。一旦对体育运动产生了兴趣，即使遇到困难，人们也会努力克服，并产生愉快的情感体验，从而终身积极主动地坚持体育锻炼，使身心愉悦、精力充沛，受益终身。运动兴趣对终身体育的实施具有促进作用。它可以使人在持续进行体育锻炼和接受体育教育的过程中不断开阔眼界、丰富自我，促进创造性运动能力的发展。在积极主动地进行体育运动时，人们能够实现自我锻炼、自我监督、自我评价、自我实现和自我发展，从而更大、更快、更好、更久地获益。

因此，兴趣性原则是体育教学中不可或缺的重要原则之一。通过兴趣性原则的贯彻落实，可以激发学生对体育运动的热情和兴趣，培养他们的体育锻炼习惯，实现终身体育的目标，从而使体育教育更加有效，学生受益更加长远。

四、创新原则

创新是指在已有成果基础上进行新的发现、发明或创造，不断超越前人的过程。创新教育则是以开发探索精神和创造素质为基本价值取向的教育形式。它通过独特的教学方式，激发人们的创造潜力，培养和强化创新精神和能力，最终达到高度智慧的目标。创新教育不仅符合时代要求和人才成长规律，而且是实现素质教育的最佳境界和培养顶尖人才的最佳手段。

创新的过程是为了适应和推进社会发展而创造出新思想、新理论、新方法、新技艺、新手段及新的物态的过程。科学技术是社会发展的第一生产力，科学的本质就是创新。创新是一个国家进步的灵魂，是推动国家兴旺发达的不竭动力。在当今时代，科技发展日新月异，国际竞争日益激烈，竞争的核心是人才的竞争，是民族创新能力的竞争。然而，我国现有的教育体制在很大程度上仍然属于应试教育，传统的教学方法、机制和模式限制了学生的个性发展，抑制了学生的想象力和创造力。这导致了培养学生探究能力和创新能力的教育目标难以实现，是我国传统教育的主要弊端之一。

要解决这一问题，需要推动教育体制的改革，倡导创新教育理念，鼓励教师采用灵活多样的教学方法，激发学生的创造力和探究精神。此外，也需要加强对教师的培训，提高他们的教学水平和创新意识，从而更好地促进学生的全面发展和创新能力的培养，以应对日益激烈的国际竞争和社会发展的挑战。

创新原则在体育教学中的应用，强调了教师应该注意调动学生学习的主动性和积极性，激活他们的创新动机，树立创新意识，注重培养学生的创造性思维和创新精神，使学生能够主动、愉快、创造性地获取知识，促进个性的自由发展，释放潜能的最大限度。

体育学习必须通过身体的实践活动来完成，而创新又离不开实践。创新是一种学习过程，对于体育学科来说，也是一种运用过程。体育运动中涉及的身体素质包括速度、耐力、灵敏和柔韧等几大类，不同的运动项目和动作技能实质上就是这几种素质的重新组合。体育运动过程中具有多种情境性，动作技能的运用会根据外界环境和条件的变化而变化，以适应运动的实际需要。根据灵感来应对环境变化的动作技能往往被视为创造性技能，这种技能常常给人带来新颖的感觉和美的享受，也是体育运动魅力所在。体育是一门交叉学科，涉及的知识面非常广泛。在创新教育中，体育不仅能够利用其他学科的新鲜知识来丰富和发展自身，为体育的创新提供广阔的空间，同时也能够为其他学科的创新教育提供宽广的知识基础。体育作为社会交往的"共同语言"和人们交往联系的纽带，体育运动中的创新能够被社会共同评价，建设性的举措能够被社会认同。体育创新者通过他们的举措和成就，增加了在团体和社会中的影响力、号召力和地位，进而推动社会的进步和发展。

五、因材施教的教学原则

因材施教原则的核心理念是根据学生的个体差异和特点，量体裁衣地进行教学，以达到最佳的教学效果。在体育教学中，因材施教的展开主要包括尊重学生个体差异、注重学生个性化发展以及分层分类实施教学。

每个学生都是独特的个体，拥有不同的身体素质、兴趣爱好、学习能力和学习方式。因此，教师应该在教学过程中充分尊重学生的个体差异，不将他们一概而论，而是根据其特点进行差异化对待。例如，在体育运动项目的选择上，教师应该考虑到学生的体能水平和兴趣爱好，为他们提供多样化的运动选择，让每个学生都能找到适合自己的运动方式。此外，教师还应该关注学生在运动技能上的差异，根据其现有水平进行有针对性的指导和辅导，以帮助他们取得更好的进步。

每个学生都有自己独特的个性和发展轨迹，教育应该为他们提供个性化的成长环境和教育资源。在体育教学中，教师应该充分了解学生的个性特点和需求，针对其个人发展目标和兴趣爱好进行个性化的教学设计。例如，对于喜欢团体运动的学生，可以组织集体活动或团队比赛，培养其合作精神和团队意识；而对于喜欢个人挑战的学生，则可以设计个性化的训练计划，帮助其在个人技能上取得突破。通过注重学生个性化发展，可以激发学生的学习兴趣和动力，提高其学习效果和满意度。

分层分类教学是根据学生的学习水平和能力，将他们分成不同的层次或分类进行教学，以确保每个学生都能够在适合自己水平的教学环境中得到充分发展。在体育教学中，可以根据学生的体能水平、技能掌握程度或兴趣特长等因素进行分层分类，为不同层次的学生提供相应水平的教学内容和教学活动。例如，对于体能较强的学生可以设置更高难度的训练项目和挑战性比赛，而对于体能较弱的学生则可以采取更为温和的训练方法和辅助性训练器材。通过分层分类实施教学，可以更好地满足学生的学习需求，提高教学效果和个人发展水平。

六、育人为本、全面发展的原则

育人为本、全面发展的原则的核心理念是以培养学生为中心，促进他们身心全面发展，培养综合素质和人文精神，从而实现育人的根本任务。

体育教学不仅仅是培养学生的身体素质和运动技能，更重要的是促进其身心健康的全面发展。在体育课堂上，教师应该注重培养学生的运动技能和体能水平，同时也要关注学生的心理健康和情感发展。通过多样化的体育活动和锻炼方式，帮助学生建立积极的人际关系、增强自信心和抗挫能力，提高身心健康水平，实现全面发展。体育教育不仅是培养学生的体育素质，更重要的是培养其综合素质和人文精神。在体育教学中，教师应该注重培养学生的团队合作精神、领导能力、创新意识和责任感等综合素质，培养学生良好的道德品质和社会责任感，使其成为具有综合素质和人文精神的社会主义建设者和接班人。

体育教育的根本任务是通过体育活动和锻炼，促进学生身心全面发展，培养其健康的人格和积极向上的人生态度。在体育教学中，教师应该始终将育人放在首位，把培养学生的综合素质和人文精神作为教育目标的核心，通过体育教学活动全面促进学生的身心健康和全面发展，实现育人的根本任务。

七、培养终身体育意识的原则

1965年，法国议会首次提出了"终身教育"的概念，而同年，联合国教科文组织的成人教育家、法国学者保罗·郎格朗在国防成人教育促进委员会上也呼吁推进终身教育。他强调，教育应当贯穿每个人的一生，是一个持续不断的过程。随后的1970年被定为"国际教育年"，联合国教科文组织讨论并推动了终身教育的发展。在此背景下，1972年国际教育发展委员会发表的文件将终身教育列为各国未来教育政策的指导思想，将其定位为一种全球性的教育理念。终身教育思想的核心观点是，教育不应该止步于有限的学习阶段，而是应该贯穿于整个生命的各个阶段，培养人们在不同环境下自主学习和自我发展的能力。

在这一理念的指导下，体育教育作为教育的重要组成部分，也必须以终身体育为核心理念。保罗·郎格朗在《终身教育导论》中强调，如果只把体育教育视为学校阶段的附属品，那么学生在成年后就可能失去体育活动的机会。他认为，将体育仅仅视为学校阶段的事情，会导致体育在教育中的地位被边缘化。随着我国社会主义市场经济体制的不断完善和经济社会的持续发展，人们的生活水平和文化素养将不断提高，工作时间缩短，闲暇时间增加，体育活动将成为人们生活中不可或缺的重要内容。因此，将终身体育作为教育的指导思想，不仅有助于培养人们的身体素质和健康意识，也符合社会发展的趋势，为个体的全面发展和社会的进步提供有力支持。

从终身教育体系的构成和人机体机能活动的规律可以看出，终身体育的发展需要根据个体的生命周期来划分和确定体育教育的过程。根据人机体活动的演变规律，人生模式可以大致分为三个阶段：生长发育期、成熟期和衰退期。在生长发育期，从胎儿到青年期（0-25岁），体育教育的主要目标是促进正常和健康的生长发育；在成熟期（26-45岁），则着重于保持精力充沛和体力旺盛；而在衰退期（46岁以上），则强调延缓衰退、延长工作年限，保持健康长寿。

学校体育作为终身体育的重要组成部分，也是其基础，同时也是终身体育的延续和发展。理解这种教育衔接关系对于完成学校体育赋予的任务、提高学生的终身体育能力至关重要。随着现代科技的高速发展，生产方式和生活方式发生了巨大变革，从传统的生产方式转向了机械化、自动化、智能化的方向。人们在生产中的体力活动逐渐被现代技术所取代，而脑力劳动却逐渐增加，导致脑体发展不平衡的现象日益突出，文明病和体质下降问题也随之而来。人们越来越重视如何度过和享受余暇生活，这使得现代社会对学校体育教学提出了迫切的要求。现代化社会的发展要求学校体育教学要培养学生在各种环境下都能够独立进行体育锻炼，以适应现代化的生产和生活方式。因此，培养学生进行终身体育锻炼的态度、意识、习惯和能力就成了一项具有时代特征的重要任务。

　　培养终身体育意识的原则旨在引导学生树立正确的体育观念，养成良好的体育锻炼习惯，并掌握基本的自我锻炼方法，从而使体育活动成为他们生活的一部分。树立正确的体育价值观是培养终身体育意识的基础。学生需要理解体育不仅仅是为了锻炼身体，更是一种生活态度和健康管理的重要手段。他们应该认识到体育运动对身心健康的积极影响，以及体育锻炼对提高生活质量、增强社交能力和塑造良好品格的重要性。通过持续、规律的体育锻炼，学生可以逐渐形成良好的生活习惯，使体育活动成为他们生活的一部分。教师可以通过设置定期的体育课程、鼓励学生参加课外体育活动以及制定个性化的锻炼计划来帮助学生养成良好的体育锻炼习惯。学生需要掌握基本的自我锻炼方法。他们应该了解不同类型的体育锻炼对身体的影响，学会选择适合自己的锻炼方式，并掌握正确的锻炼方法和注意事项。教师可以在体育课程中教授学生一些简单易行的自我锻炼方法，如拉伸、俯卧撑、跑步等，同时强调安全性和科学性。

第三节　体育教学的理论基础

一、教育学基础

　　传统教育模式过于注重严格训练，缺乏与日常生活实际的联系，导致学生只是被动接受，将学校教育视为负担，从而产生了强烈的厌学情绪。这样的传统教育制度培养出来的人已不再适应社会发展的需要。面对这一挑战，教育界亟须变革，批判传统教育的新理论应运而生。

（一）进步主义教育理论

进步主义教育理论在 20 世纪初期崛起，以杜威的实用主义哲学为基础，成为新教育运动的主要代表。这一理论首次向传统教育模式发起挑战，强调教育应以儿童为中心。杜威提出，教师应该充分考虑每个学生的个性特征，确保每个学生的长处都得以充分发展，同时尊重儿童在教育活动中的主体地位。他提出了"从做中学"的方法，强调学生通过活动和经验的获得来实现学习，而教师的角色是在一旁协助学生的活动。因此，以活动教学和学生的主动参与为中心的新"三中心"理念成为进步主义教育理论的主要特征。

在进步主义教育理论中，教育的目的是培养学生的个性、创造力和社会参与能力，而不仅仅是传授知识和技能。这种理论强调学生的自主性和主动性，在教学过程中鼓励学生发挥自己的创造力和想象力，积极参与各种实践活动，从中获得知识和经验。教师的角色被重新定义为学生的引导者和促进者，他们需要根据学生的需要和兴趣设计教学内容，提供必要的资源和支持，帮助学生实现个人目标和发展潜能。

进步主义教育理论的实践中注重学生的体验和互动，倡导学生之间的合作和协作。通过小组讨论、团队项目等形式，学生可以相互交流、合作解决问题，从中培养团队合作精神和社交能力。同时，进步主义教育理论还重视与现实生活的联系，强调教育应该与学生的生活经验和社会环境相结合，使学生学到的知识和技能能够在实际生活中得到应用。

（二）强调"完整的人"的教育

进步主义教育理论强调了"完整的人"的教育，认为传统教育忽视了学生的真实需求，将他们局限于被动接受知识的角色，这种教育模式无法激发学生的积极性和主动性。相比之下，进步主义教育理论以实用主义为基础，强调学生所学的知识和技能必须具有实际应用价值，必须与现实生活和未来的发展需求相联系，而且要内化为个人的知识和技能。进步主义教育家认为，教育的终极目标是塑造人格，培养全面发展的个体。在这一理念的指导下，高校体育课程标准将学生的发展置于核心地位，强调尊重学生的情感和需求。在增强学生的体能和提高运动技能水平的同时，特别注重培养学生的良好心理品质和社会适应能力。通过体育与健康课程的开展，学生逐步形成健康的生活方式和积极向上的人生态度，实现全面、健康的个体发展。这一教育理念强调了教育的终极目标是培养"完整的人"，即具备健康身心、积极进取、社会适应能力强的个体。

（三）强调活动教学和学生的主动学习

进步主义教育理论强调活动教学和学生的主动学习，提倡通过解决问题的方式进行学习，以实践性教学为核心。这一理论主张"从做中学"，而不是简单地灌输教材，强调教学的实践性。教育被视为一种主动的过程，与学生的兴趣联系起来，并赋予学生自然发展的自由。进步主义认为，学生的学习过程不应仅由教师或教材决定，而应由学生自己根据社会需求来决定，教师应为学生的创造性和自我表现提供充分的机会。

在高校体育课程中，进步主义理论得到了具体应用。体育与健康课程被界定为一门以身体练习为主要手段的课程，强调实践性教学。该课程的目标、教学内容和教学方法都特别关注学生的学习兴趣、爱好和个性发展，旨在培养学生的运动爱好和专长，掌握科学锻炼身体的方法，提高体育实践能力，养成坚持体育锻炼的习惯，最终形成健康的生活方式。

在体育与健康课程中，学生被鼓励积极参与各种体育活动，并根据自己的兴趣和需求选择适合自己的运动项目。教师的角色不仅是传授知识和技能，更是引导学生主动参与体育活动，提供指导和支持。通过实践性的学习活动，学生可以获得丰富的体育经验，培养健康的生活方式，从而实现个人的身心全面发展。

（四）强调师生的民主与平等

进步主义教育理论强调师生之间的民主与平等，认为教师的角色不应是发号施令和监督，而是鼓励、建议和劝告。根据这一理论，学生所要学习的内容应由他们自身的需要和欲望来决定，他们的发展应由他们自己来规划，而教师则应是引导他们学习的导师。进步主义教育理论鼓励教师利用学生的所有感官训练他们的观察力与判断力，把大部分时间用于指导学生如何获得和运用各种知识。在体育与健康课程中，这种理念得到了特别的强调。高校体育课程标准提出，教师的教学应主要是为学生的学习服务的。因此，教师应改变过去单一的灌输式教法，摒弃过于注重讲解和示范的教学形式，给予学生充分的活动时间和空间，让他们能够采用适合自己的方式进行学习。这意味着教师应当更多地作为学习的引导者和支持者，与学生建立起平等的合作关系，促进师生之间的积极互动。在体育与健康课程的教学实践中，教师应注重激发学生的兴趣和潜能，鼓励他们主动参与各种体育活动，并提供必要的指导和支持。通过师生之间的民主平等的互动，学生可以更好地发挥自己的创造性和主动性，实现个人的全面发展。

二、心理学理论

（一）学习心理学

1.行为主义学习理论

行为主义学习理论是20世纪初叶发展起来的一种心理学学派，其核心观点认为学习是通过对外部刺激的反应形成的，强调环境对行为的塑造作用。行为主义学习理论的代表人物包括美国心理学家约翰·华生和伯福德·斯金纳。约翰·华生在1913年提出了行为主义心理学的奠基性论文《行为主义》，主张心理学应该成为一门客观的实验科学，强调外部刺激对行为的影响。而斯金纳则在20世纪中叶进一步发展了行为主义理论，提出了操作性条件反射的概念，强调通过操作行为来影响环境刺激和学习过程。在体育教学中，行为主义学习理论为教师提供了一种重要的教学方法和策略，有助于促进学生的运动技能和行为习惯的培养。行为主义学习理论强调对学习目标的明确设定。在体育教学中，教师可以通过明确的学习目标和任务，引导学生专注于学习内容，提高学习的效果。例如，在教学篮球运动时，教师可以明确要求学生学会运球、投篮等基本技能，从而帮助他们更好地掌握篮球运动技能。行为主义学习理论倡导通过激励和惩罚来调节学习行为。在体育教学中，教师可以通过及时给予学生积极的反馈和奖励，激励他们养成良好的运动习惯和行为。例如，当学生在体育课上表现出色时，教师可以给予表扬和奖励，增强他们的学习动机和积极性。行为主义学习理论注重练习和反复训练。在体育教学中，通过反复练习和模仿，学生可以逐渐掌握运动技能，形成正确的运动习惯。例如，在教学游泳时，教师可以通过反复示范和练习，帮助学生掌握正确的划水动作和呼吸技巧，提高他们的游泳水平。行为主义学习理论还强调学习环境的重要性。在体育教学中，教师可以通过创设积极、轻松的学习氛围，营造良好的学习环境，激发学生的学习兴趣和主动性。例如，在开展体育课堂教学时，教师可以组织丰富多彩的教学活动，提供良好的学习资源，使学生能够在积极、愉悦的氛围中进行学习和实践。

2. 认知主义学习理论

认知主义学习理论自 20 世纪中期以来得到了广泛的发展，让·皮亚杰是认知发展心理学的奠基者，他提出了著名的认知发展阶段理论，强调了儿童的认知发展是一个阶段性的过程，从感知运动阶段到形式运算阶段的逐步发展。皮亚杰强调了儿童通过与环境的互动和经验的积累，逐渐建立起对世界的认知结构和理解。杰罗姆·布鲁纳，他提出了"发现式学习"的理论，认为学习者通过自主发现、探索和实践来建构知识。布鲁纳强调了学习者参与建构知识的过程比单纯地接受知识更为重要，提出了"教学的构成主义"理论，强调教师应该创设有挑战性的学习情境，促进学习者的学习和发展。此外，艾伦·班杰宁斯和赫伯特·西蒙提出了"信息加工理论"，认为学习是一个信息处理的过程，学习者通过感知、注意、记忆和推理等过程来处理和理解信息。他们强调了问题解决和决策制定在学习过程中的重要性，认为学习者通过解决问题和处理信息来积累知识和发展能力。

相较于行为主义理论，认知主义更注重学习者的主观体验和内在心理过程，认为学习是通过对信息的处理、理解和内化形成的。在体育教学中，认知主义学习理论提供了重要的指导原则和方法，有助于促进学生的运动技能和认知能力的发展。

在体育教学中，认知主义理论可以指导教师通过引导学生提出问题、发现规律、进行思考等方式，激发学生的学习兴趣和积极性。例如，教师可以组织学生观看比赛录像，引导他们分析比赛中的战术和技术，从而提高他们的运动认知水平。认知主义理论还强调知识的建构和意义的理解。在体育教学中，教师不仅要传授运动技能和知识，更要帮助学生理解运动规则、战术策略等背后的原理和意义。例如，教师可以通过示范、讲解和讨论，帮助学生理解足球比赛中的各项规则，从而提高他们的运动认知水平。认知主义理论还强调学习的个体差异和多样化教学方法。在体育教学中，学生的认知水平和学习能力存在差异，教师需要根据学生的特点和需求，采用不同的教学方法和策略。例如，教师可以根据学生的水平和兴趣，设计不同难度和风格的动作，满足不同学生的学习需求。认知主义理论还强调跨学科学习和综合运用。在体育教学中，学生不仅需要掌握运动技能，更需要将所学知识和技能应用到实际运动中，并将其与其他学科知识进行整合和运用。例如，教师可以结合生物学、物理学等学科知识，讲解游泳的生理原理和水力学原理，帮助学生深入理解游泳运动的本质和规律。

通过充分利用认知主义学习理论的原则和方法，教师可以更好地引导学生的学习和发展，促进其运动技能和认知水平的全面提升，实现体育教育的有效目标。

3. 人本主义学习理论

人本主义学习理论是心理学中的一种重要理论，也称为人本主义教育理论或人本主义心理学。它强调个体的自我实现和发展，关注个体的主观体验、自我概念和情感需求。在体育教学中，人本主义学习理论提供了重要的指导原则，有助于教师更好地关注学生的整体发展和心理健康。

人本主义学习理论注重个体的自我实现和发展。在体育教学中，教师应该关注学生的个性特点和潜能，尊重他们的选择和发展方向，鼓励他们积极参与体育活动，发挥自己的优势和潜能。例如，教师可以提供多样化的运动项目和活动，满足学生的个性化需求，促进他们全面发展。人本主义学习理论强调个体的主观体验和情感需求。在体育教学中，教师应该关注学生的情感状态和心理健康，创造积极、和谐的教学氛围，帮助学生建立良好的自我概念和自尊心。例如，教师可以通过赞扬和鼓励，增强学生的自信心和自我价值感，促进其积极参与体育活动。人本主义学习理论倡导尊重个体的选择和自治。在体育教学中，教师应该尊重学生的选择和意愿，让他们在自主、自由的环境中进行学习和实践。例如，教师可以鼓励学生参与体育课程设计和活动策划，激发他们的主动性和创造性，促进其自我发展和成长。人本主义学习理论注重个体与他人的关系和合作。在体育教学中，教师可以通过团队合作和集体活动，培养学生的团队精神和社会情感，促进其人际交往和合作能力的发展。例如，教师可以组织学生进行集体运动项目或团队比赛，让他们学会团结协作、互相支持，培养良好的人际关系和团队精神。

4.建构主义理论

建构主义理论认为，世界是客观存在的，但对于这个世界的理解和赋予意义却是由个体自己决定的。这意味着每个人通过自身的经验、心理结构和信念来构建自己独特的精神世界。在教育领域，建构主义理论强调学习者在学习过程中的主动参与和建构意义的过程。因此，在设计体育与健康课程时，我们应该时刻以学生为中心，根据他们的身心特点和学习需求来构建课程内容，并以学生的学习和生活经验为基础进行教学实施。

建构主义理论要求教育者充分理解学生的个体差异和背景经验。每个学生都拥有独特的经历和认知模式，因此，课程设计应该考虑到这些差异，尊重并利用学生的多样性。例如，对于体育与健康课程而言，一些学生可能已经具有丰富的运动经验，而另一些学生可能对运动缺乏兴趣或自信心。因此，教育者应该根据学生的个体特点和需求，设计灵活多样的教学内容和活动，以满足他们的实际需要。

建构主义理论强调学生的主动参与和建构意义的过程。在体育与健康课程中，教育者应该为学生提供积极的学习环境，鼓励他们参与课程内容的构建和意义的探索。例如，通过小组讨论、问题解决和实践活动，学生可以与他人交流和合作，共同构建知识和理解。同时，教育者应该给予学生足够的自主权和选择权，让他们根据个人兴趣和需求来选择学习内容和方法，提高他们的学习积极性和自我效能感。

尽管建构主义理论强调了个体在认识中的主观能动性和真理的相对性，但在教育实践中仍需注意避免相对主义的倾向。尤其在体育与健康课程中，教育者需要确保课程内容的科学性和客观性，避免过于强调个人主观经验而忽视了客观事实和知识的权威性。因此，教育者在设计课程时应该平衡个体差异和客观真理，鼓励学生在探索和建构知识的过程中保持批判性思维和理性分析能力，避免陷入纯主观的主义观点。

（二）发展心理学

发展心理学在体育教学的基础理论中扮演着重要的角色。它研究了个体在不同生命周期中的发展过程，以及这些过程对学习、认知和行为的影响。通过发展心理学的理论和研究成果，教师可以更好地了解学生的发展特点和需求，针对不同年龄段的学生制定适宜的教学方法和策略。

发展心理学的关键理论之一是发展阶段理论。这一理论认为，个体的发展过程可以划分为不同的阶段，每个阶段都有其特定的发展任务和特征。例如，根据爱尔兰心理学家埃里克·埃里克森（Erik Erikson）的发展阶段理论，人的生命周期可以分为八个阶段，每个阶段都对应着不同的发展任务，而成功完成这些任务将促进个体的健康发展。在体育教学中，了解学生所处的发展阶段，可以帮助教师根据学生的发展特点和需求，设计合适的教学内容和活动，促进他们的身心健康发展。发展心理学还研究了情感发展的过程和影响因素，教师可以通过体育教学活动，培养学生的情感管理能力和社会情感技能，促进其情感健康和社会适应能力的提升。

发展心理学还关注个体在发展过程中所面临的风险和挑战，以及如何应对和克服这些挑战。例如，美国心理学家艾尔弗雷德·班杰明（Alfred Bandura）提出了自我效能理论，强调个体对自己能力的信心对于行为的预期和表现具有重要影响。在体育教学中，教师可以通过提供支持和鼓励，帮助学生建立自信心和自我效能感，增强其对体育活动的参与和投入。

（三）运动心理学

运动心理学研究了运动行为和运动经验的心理过程及其与个体行为、情感和认知之间的关系。通过运动心理学的理论和研究成果，教师可以更好地了解运动员的心理特点和需求，从而设计更有效的训练和指导方案，提高运动员的竞技水平和心理素质。

运动心理学关注运动员的心理素质和心理状态。它研究了运动员在训练和比赛中的自信心、集中注意力、应对压力和调节情绪等心理能力。例如，美国心理学家罗伯特·尤丁提出了运动员的"心理硬度"概念，强调了运动员在面对挑战和困难时的心理稳定性和适应能力。教师可以通过训练和指导，帮助运动员提高自信心、调节情绪，增强应对挑战和压力的能力，提高其竞技表现水平。运动心理学研究了运动员的动机和目标设定。它探讨了运动员参与运动的内在动机和外部动机，以及如何通过设定明确的目标和激励机制来提高运动员的积极性和投入度。例如，运动员可能出于自身兴趣和乐趣参与运动，也可能受到外部奖励和认可的驱动。教师可以根据运动员的动机水平和目标设定，设计合适的训练计划和激励措施，激发他们的学习热情和自我激励能力，提高训练和比赛的效果。运动心理学研究运动员的注意力和集中力。它关注运动员在比赛和训练中的注意力分配和集中程度，以及如何通过训练和技巧来提高运动员的注意力水平。例如，运动员在比赛中需要集中注意力，忽略干扰和压力，专注于任务执行。教师可以通过训练和指导，帮助运动员提高注意力的稳定性和持久性，增强他们的竞技表现和应对能力。

三、运动人体科学理论

（一）运动生理学

运动生理学是研究人体在运动过程中生理变化规律的科学，它探究了运动对身体各系统的影响，包括心血管系统、呼吸系统、神经系统、内分泌系统等。通过深入研究运动生理学，可以更好地理解人体在运动中的生理反应，为运动训练和健康管理提供科学依据。

运动会引起心率的增加，心脏的收缩力增强，从而增加排血量。此外，运动还能够促进血液循环，提高血管的弹性，降低血压，预防心血管疾病。通过运动生理学的研究，我们可以深入了解不同强度、持续时间和类型的运动对心血管系统的影响，为合理制定运动方案提供依据。

运动对呼吸系统的影响也是显著的。运动时，呼吸频率和深度增加，以满足肌肉组织对氧气的需求，同时排出更多的二氧化碳。这种呼吸变化有助于提高氧气的吸收和利用效率，增加肺活量，加强呼吸肌肉的功能。通过运动生理学的研究，我们可以了解不同运动强度和持续时间对呼吸系统的影响，为提高运动效果和健康水平提供指导。

运动对神经系统的影响涉及神经调控、协调和运动技能的形成。通过运动，可以促进神经元的发育和突触的形成，提高神经传导速度和反应能力。此外，运动还能够调节神经递质的释放，改善心理状态，缓解压力和焦虑。运动生理学的研究可以帮助我们理解运动对神经系统的影响机制，为运动训练和康复治疗提供科学依据。

运动会促使肾上腺素、皮质醇等应激激素的分泌增加，从而提高机体的应激适应能力。此外，运动还能够调节胰岛素、生长激素等激素的分泌，影响能量代谢、脂肪分解和蛋白质合成。通过运动生理学的研究，我们可以深入了解不同类型和强度的运动对内分泌系统的影响，为预防和治疗内分泌失调性疾病提供科学依据。

（二）运动生物力学

运动生物力学是研究生物体在运动过程中受力和运动学特性的科学。它通过分析身体各部位的受力情况、运动轨迹和力的传递方式，揭示了运动的力学原理和优化运动技能的方法，对于提高运动表现和预防运动损伤具有重要意义。

运动生物力学通过运动姿势分析，可以评估运动员的动作是否规范、高效。例如，在田径比赛中，对于跑步姿势的分析可以帮助运动员改善步态、提高速度；在举重比赛中，对于抓举和挺举动作的分析可以帮助运动员优化力量传递和平衡。运动生物力学还可以通过运动力学分析，研究人体在运动中的受力情况和运动学特性。例如，在篮球运动中，可以通过运动力学分析，了解运动员投篮时的身体姿势、投篮力量和运动轨迹，从而优化投篮技术，提高命中率。运动生物力学的研究还可以帮助预防运动损伤。通过分析运动员的运动姿势和受力情况，可以发现潜在的损伤风险因素，采取相应的措施进行调整和预防。例如，在足球比赛中，通过运动生物力学分析，可以发现运动员踢球时的关节负荷情况，从而避免过度的关节应力，减少受伤发生的可能性。

（三）运动营养学

运动营养学是研究运动对营养物质代谢和利用的影响以及合理营养对运动表现和康复的作用的科学。它关注运动员在不同运动状态下的营养需求和摄入，以及如何通过合理的营养策略提高运动表现、促进康复和预防运动损伤。

运动时，身体需要消耗更多的能量来支持肌肉活动和新陈代谢。因此，合理的能量摄入和能量补充对于维持运动员的体能和体力水平至关重要。通过运动营养学的研究，可以确定不同运动强度和持续时间下的能量需求，制定科学的饮食计划。

例如，运动会导致肌肉蛋白质的分解和合成增加，从而影响肌肉的修复和生长。因此，合理的蛋白质摄入对于提高肌肉的适应能力和恢复速度至关重要。运动营养学的研究可以帮助确定运动员的蛋白质需求，选择合适的蛋白质来源和补充方式。碳水化合物是运动员主要的能量来源，而脂肪则是长时间运动的重要能量来源。通过合理的碳水化合物和脂肪摄入，可以提高运动员的耐力和持久力。运动营养学的研究可以帮助确定不同运动状态下的碳水化合物和脂肪需求，为合理的饮食计划提供科学依据。运动过程中，身体会大量出汗，导致水分和电解质的丢失，从而影响运动表现和健康状态。通过合理的水和电解质补充，可以维持身体的水电解质平衡，提高运动员的耐力和适应能力。运动营养学的研究可以帮助确定运动员的水和电解质需求，制定科学的饮水和补充计划。

运动生理学、运动生物力学和运动营养学是研究运动科学的重要分支，它们分别关注人体在运动过程中的生理变化、力学特性和营养需求，为体育教学中的运动训练、运动表现和健康管理提供了科学依据和理论基础。

第二章 高校体育课程设置与教学设计

第一节 高校体育课程设置

一、高校体育课程设置的目标与原则

（一）高校体育课程的目标

1.知识与能力目标

高校体育课程的目标旨在实现学生在德、智、体、美等多个方面的全面发展。在体育教学中，德育、智育、体育三者之间相互交融，共同构成了高校体育教育的核心目标。首先，体育教学旨在培养学生的身体素质和健康意识。通过系统的体育锻炼和运动训练，学生能够增强体质，提高身体素质，增强抗病能力，保障身心健康。其次，体育教学也致力于提高学生的运动技能水平。通过专业的指导和科学的训练，学生能够掌握各项运动技能，提高运动能力，培养竞技意识和团队合作精神。另外，体育教学还注重培养学生的审美意识和艺术修养。通过体育艺术和体育美学的教育，学生能够欣赏运动的美感，培养审美情趣，提高文化素养。最后，体育教学还强调培养学生的品德和道德修养。通过体育锻炼和运动竞赛，学生能够锻炼意志品质，培养坚强的意志，塑造健康向上的人生态度。

在高校体育课程中，知识与能力目标是核心内容之一。体育教学不仅仅是对体育知识和技能的传授，更是对学生综合素质和能力的培养。在体育教学中，知识的传授主要包括运动技术、规则制度、战术策略等方面的知识。学生需要通过教师的讲解和示范，掌握各项运动项目的基本知识和技能要领。而能力的提高则需要通过反复的练习和实践，培养学生的运动能力和综合素质。体育教

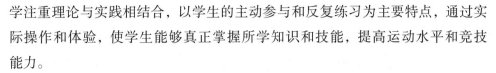

学注重理论与实践相结合，以学生的主动参与和反复练习为主要特点，通过实际操作和体验，使学生能够真正掌握所学知识和技能，提高运动水平和竞技能力。

在体育教学实践中，师生互动是至关重要的。教师不仅是知识的传授者，更是学生的引导者和指导者。教师应根据学生的特点和需求，灵活运用不同的教学方法和手段，激发学生的学习兴趣和潜力。同时，学生也应积极参与到体育教学活动中，主动学习，勇于探索，不断提升自我。在师生互动的过程中，教师应注重激发学生的学习动机和兴趣，引导学生主动思考和解决问题，促进学生的全面发展和综合素质提升。

2. 人才培养目标

人才培养目标是高校体育教育的重要任务之一，其核心在于培养具有健康体魄、敏捷思维、渊博知识的高素质人才，以满足社会发展对人才的需求。随着科技现代化的飞速发展，许多行业的自动化、电气化和信息化程度不断提高，对人才的要求也愈发严格。健康的身体是高素质人才的基础条件，只有拥有健康的身体才能胜任现代化建设所需的各种工作和挑战。

现代社会对智力的要求越来越高，相对而言，体力劳动的需求逐渐减少。这导致了脑力劳动与体力劳动之间的失衡，许多人的脑体发展不均衡，这一现象在经济发达国家尤为明显。然而，当前的学校体育教育普遍存在着重智育、轻体育的倾向，导致了许多学生缺乏足够的体育锻炼和运动机会。随着生活水平的提高，体力劳动的减少，各种"文明病"也随之而来，给人们的健康带来了威胁。

因此，高校体育教育应当发挥其作用，通过教学和训练，培养学生的身体素质和运动能力，强调体育锻炼对人体短期和长期健康的积极影响。学生需要深刻理解体育运动的原理，认识到身体健康对事业成功的重要性，并将体育锻炼视为一种自觉自愿的行为，从而实现终身体育的目标。高校体育课程设置的目标与原则应当紧密结合，旨在为学生提供全面的教育，促进其身心健康和全面发展。

（二）课程设置应遵循的基本原则

1.基础理论和体育实践相结合原则

过去，体育教学普遍偏重实践课程，而忽视了理论教学，导致社会和学校对体育教育的重视不足。然而，随着社会的进步和发展，现代体育教学的目标已不仅仅是培养学生的运动技能，而更强调学生的全面发展。在高校教育阶段，学生刚刚从高中走出来，对体育实践中的技能课程可能缺乏正确的理解，因此，理论教学显得尤为重要。

理论教学有助于让学生适应特殊时期的转变。通过基础理论教学，学生可以对体育锻炼的基本概念、注意事项和基本常识有所了解，从而提高他们对体育的认识和重视程度。这为他们接下来的体育实践奠定了良好的基础。理论教学为后续的体育实践工作做好了铺垫。学生通过理论学习，可以了解体育锻炼的原理和方法，掌握正确的运动姿势和技巧，从而在实践中更加得心应手。理论知识的掌握不仅提高了学生的锻炼效果，还能减少运动损伤的发生。

只有将理论知识与实践相结合，才能使学生真正掌握并应用所学的知识。因此，理论教学应与适当的体育实践相结合，通过渐进式的教学方法，让学生逐步掌握并运用所学的理论知识。在实践中，学生可以利用有限的资源，积极参与锻炼，巩固和加深对理论知识的理解，提高锻炼的效果和意识。

（三）适应学生年龄特点原则

适应学生年龄特点的原则是高校体育教学中必须重视的方面。大学阶段的学生正处在身心发展的关键时期，他们的身体和心理都处于不稳定的转型期，因此体育教学应当根据学生的年龄特点，因材施教，由浅入深，逐步培养学生的体育素养和能力。

针对大一学生，他们刚刚踏入大学，对体育教学的认知可能还停留在高中阶段，因此在大一阶段，体育教学应该以夯实理论基础为主。学生在大一阶段应该通过系统的理论课程，建立起对体育知识和原理的基本了解，为后续的实践课程打下坚实的基础。对于大二学生，他们在理论上已经具备了一定的基础，但在实践方面尚未有成熟的思想和技能。因此，大二阶段的体育教学应该结合学生个人的特点，适当增加实践课程，并选择一些较为容易上手的项目，如中长跑、跳高、单杠、双杠等，以提高学生的实践能力和技巧。对于大三学生，他们已经处于相对成熟的阶段，具备了一定的体育知识和实践经验。在这一阶段，体育教学可以选择一些更具挑战性和难度的项目，如游泳、攀岩、障碍等，以进一步培养学生的体育素养和综合能力。

（四）可行性原则

高校体育课程设置的可行性原则是指在制定和调整体育课程时，需要考虑到实际情况和可行性因素，确保课程的顺利实施和取得预期效果。这一原则涉及多方面的考量和权衡，旨在保证体育课程的目标达成，同时兼顾学校、学生和教师的实际需求。

不同学校的条件各异，有些学校可能拥有先进的体育设施和设备，而有些学校可能资源相对匮乏。因此，在制定体育课程时，需要充分考虑到学校的资源状况，确保所设定的课程目标和内容符合学校的实际情况，能够在现有条件下顺利实施。可行性原则还需要考虑到学生的接受能力和实际需求。学生的年龄、健康状况、兴趣爱好等因素都会影响他们对体育课程的接受程度和参与热情。因此，在设计体育课程时，需要充分了解学生的特点和需求，根据不同学生群体的实际情况，合理确定课程目标和内容，确保能够引起学生的兴趣和积极参与。教师是体育课程的主要执行者和组织者，他们的专业水平和教学能力直接影响到课程的质量和效果。因此，在确定体育课程时，需要充分考虑到教师的专业素养和实际情况，合理安排教学任务和内容，为教师提供必要的支持和培训，确保其能够胜任相应的教学工作。

随着社会经济的发展和人民生活水平的提高，人们对体育健身的需求也越来越高。因此，体育课程设置应当与社会需求和发展趋势相适应，注重培养学生的体育素养和健康意识，提高其身体素质和综合能力，为其未来的发展和社会需求做好准备。

二、高校体育课程的类型与层次

（一）公共基础课程

公共基础课程是高校体育课程体系中的重要组成部分，也是学生必修的核心课程之一。这类课程旨在为所有学生提供基本的体育知识和技能，培养其身体素质、健康意识和运动能力。公共基础课程通常包括体育理论和实践两个方面，涵盖了体育的基本原理、规则和技术，以及各种体育项目的基本动作和训练方法。通过这些课程的学习，学生可以掌握基本的体育知识，提高身体素质，培养健康的生活方式，为未来的学习和生活奠定坚实的基础。

（二）专项运动课程

专项运动课程是针对特定体育项目或运动项目而设的一类课程，旨在深入学习和掌握某种具体的运动技能和技术。这类课程通常由专业教练员或运动员来教授，涵盖了该运动项目的规则、战术、技术和训练方法等内容。专项运动课程的设置可以根据学生的兴趣和特长来选择，包括篮球、足球、网球、游泳等各种体育项目。通过这些课程的学习，学生可以深入了解某种运动项目的特点和要求，提高相应的运动技能和竞技水平，培养团队合作精神和竞争意识，为未来的体育竞赛和职业发展打下坚实的基础。

（三）选修拓展课程

选修拓展课程是高校体育课程体系中的一种自由选择课程，旨在为学生提供更广泛的体育教育和培训机会，满足其个性化的学习需求和兴趣爱好。这类课程通常包括各种体育健身项目、户外探险活动、舞蹈表演等内容，涵盖了多种形式和类型的体育活动。学生可以根据自己的兴趣和特长，选择适合自己的选修课程，进行深入学习和实践。通过这些课程的学习，学生不仅可以丰富自己的体育知识和技能，拓展自己的视野和经验，还可以培养自己的兴趣爱好，提高身心健康水平，促进个人全面发展和成长。

总的来说，高校体育课程的类型与层次的设置是为了全面满足学生的体育教育需求，促进其身心健康的发展和全面素质的提升。公共基础课程为学生提供基本的体育知识和技能，专项运动课程深入学习和掌握某种具体的运动项目，选修拓展课程拓展学生的体育兴趣和爱好，丰富其体育文化生活，共同构建起丰富多彩、多层次的高校体育教育体系。

三、体育理论课程的设置

体育理论课程的设置在高校体育教育中具有重要意义，它们旨在为学生提供关于体育领域不同方面的理论知识和方法论基础。

（一）体育健康教育理论课

体育健康教育理论课旨在向学生介绍体育与健康的密切关系，探讨体育活动对个体身心健康的积极影响，并系统地介绍健康教育的基本理论和方法。在这门课程中，学生将学习到健康的定义和内涵、身体活动的生理效应、运动对健康的益处、运动与各种健康问题的关系等内容。此外，还将介绍健康教育的基本原则、教育方法和实施策略，以及相关的评价方法和效果分析。通过学习这门课程，学生将深入了解体育健康教育的重要性，掌握相关的理论知识和教育技能，为未来从事相关工作打下坚实的理论基础。

（二）体育人文社会学理论课

体育人文社会学理论课旨在向学生介绍体育活动在社会和文化背景下的产生、发展和影响，探讨体育与社会、文化、历史、政治等方面的关系，并分析体育现象背后的社会意义和文化内涵。在这门课程中，学生将学习到体育作为一种社会现象的本质和特点，体育活动对社会结构和社会秩序的影响，以及体育运动在不同文化环境下的发展和演变等内容。此外，还将介绍体育与社会问题、体育与文化传承、体育与国家建设等方面的关系，以及体育运动对个体认同和社会认同的影响。通过学习这门课程，学生将深入了解体育在社会和文化中的地位和作用，拓展自己的社会视野和文化素养，为未来从事相关研究和教学提供理论支持。

（三）体育科学原理与方法论课程

体育科学原理与方法论课程旨在向学生介绍体育科学的基本原理和研究方法，探讨体育活动在生物、医学、运动生理学、运动心理学等方面的科学原理和研究方法。在这门课程中，学生将学习到体育运动的基本原理和规律，运动生理学、运动心理学、运动生物力学等方面的基本理论和研究方法，以及相关的实验技术和数据分析方法。此外，还将介绍体育科学在运动训练、运动医学、运动康复等方面的应用，以及体育科学对运动员的健康管理和运动项目的改进和创新所起到的作用。通过学习这门课程，学生将掌握体育科学的基本知识和研究方法，具备运用科学原理进行体育教学和训练的能力，为未来从事相关研究和实践提供理论支持和技术指导。

四、体育实践课程的设置

体育实践课程的设置是高校体育教育中至关重要的一部分，旨在通过实际运动活动，培养学生的体育技能、身体素质和运动意识。

（一）传统运动项目实践课程

传统运动项目实践课程主要包括篮球、足球、排球、田径、体操等传统体育项目的实践教学。这些项目在学生中较为普遍，具有较高的参与度和接受度，且在体育教学中具有悠久的历史和丰富的教学经验。通过传统运动项目的实践教学，学生不仅可以掌握基本的运动技能和规则，培养体育精神和团队合作意识，还可以促进身体的全面发展，提高身体素质和运动能力。此外，传统运动项目实践课程还有助于学生树立健康锻炼的意识，培养持之以恒的锻炼习惯，提高身心健康水平。

（二）新兴运动项目实践课程

新兴运动项目实践课程主要包括近年来逐渐受到青睐和推广的新型体育项目，如攀岩、街舞、极限运动、橄榄球、滑板运动等。这些项目具有创新性、趣味性和挑战性，吸引了越来越多的年轻人参与和关注。通过新兴运动项目的实践教学，学生可以接触到更多不同类型的体育运动，开阔自己的视野，发展自己的兴趣爱好，培养创新精神和探索精神。同时，新兴运动项目实践课程也有助于学生锻炼身体的各项能力，提高身体的适应性和应变能力，增强自身的体质和抗压能力。

（三）健身休闲运动实践课程

健身休闲运动实践课程主要包括各种健身锻炼和休闲运动项目，如瑜伽、游泳、健身操、跑步、自行车骑行等。这些项目注重的是身体健康和心理放松，适合不同年龄层次和身体条件的学生参与。通过健身休闲运动实践课程，学生可以学习到科学的健身方法和技巧，了解身体的运动机理和健康效应，培养正确的运动习惯和生活方式。同时，健身休闲运动实践课程还有助于学生减轻学习压力，释放身心紧张，增强心理的平衡和稳定，提高学生的生活质量和幸福感。

五、高校体育课程体系的特色设置

高校体育课程体系的特色设置是为了更好地满足学生的需求，促进体育教育的全面发展和地方特色的传承。

（一）传统优势项目特色课程

传统优势项目特色课程是指在学校中具有较强传统基础和优势的体育项目，如乒乓球、羽毛球、排球等。这些项目在学校体育教育中具有较高的知名度和参与度，拥有丰富的教学资源和优秀的教学团队。传统优势项目特色课程旨在通过专业化的教学内容和方法，提高学生对传统体育项目的认识和技能水平，培养他们的运动兴趣和潜力，促进校园体育竞技水平的提升。同时，传统优势项目特色课程还可以加强学校体育教育与社会体育实践的对接，促进学校与社会各界的合作和交流，推动传统体育项目的传承和发展。

（二）校园文化体育特色课程

校园文化体育特色课程是指在学校体育教育中融入了校园文化元素和特色活动的课程，如校园运动会、文体活动、主题体育节等。这些课程旨在通过丰富多彩的校园文化活动，增强学生的集体荣誉感和归属感，促进师生之间的情感交流和团队合作，激发学生的学习热情和创新精神。校园文化体育特色课程还可以培养学生的审美情趣和文化素养，提升他们的综合素质和社会责任感，促进校园文化建设和学校品牌塑造。

（三）地方民族体育传承课程

地方民族体育传承课程是指在学校体育教育中注重挖掘和传承当地民族体育文化的课程，如民族传统体育项目、民族舞蹈、传统武术等。这些课程旨在弘扬民族文化，传承民族体育精神，增强学生对民族传统文化的认同感和自豪感，促进民族团结和民族文化交流。地方民族体育传承课程还可以拓展学生的视野和思维，增强他们的文化自信和国家认同感，促进地方民族文化的繁荣和发展。

六、体育课程设置的动态调整策略

随着社会的不断变化和发展，以及学生个体差异的存在，传统的一成不变的课程设置已经不能满足教学的需求。因此，动态调整课程设置成为确保教学质量、提升教学效果、适应社会需求的必然选择。

定期开展课程设置评估，评估可以从多个角度进行，包括课程目标的达成情况、教学方法的效果、教材资源的使用情况、学生满意度等方面。通过评估，可以了解课程设置的优势和不足之处，发现问题并及时加以解决。例如，评估结果可能显示某些课程目标达成率较低，这就需要对相关教学内容和教学方法进行调整，以提高学生的学习效果。

根据评估结果和教学实践的反馈意见，对课程设置进行修订和优化。修订和优化的内容可以涉及课程目标、内容、教学方法、评价方式等方面。例如，可以根据社会需求和学生兴趣，增加一些新的课程内容，更新教材资源，改进教学方法，以提高课程的针对性、灵活性和实用性。

除了对现有课程进行修订外，还应积极开展创新性改革和前瞻性布局。这包括引入新的教学理念和技术手段，开发新的课程内容和形式，推进课程国际化和跨学科融合等。例如，可以引入新的体育科学理论、新的运动技术、新的教学模式等，以满足学生多样化的学习需求和未来社会的发展需要。

第二节　高校体育课程的教学设计

一、教学设计的意义

教学设计是指教师在开展教学活动之前，系统地规划和设计教学内容、教学方法、教学资源等方面的过程。它是教学活动的蓝图和指南，是教学过程中的重要组成部分。教学设计旨在确保教学活动的高效性、科学性和系统性，以促进学生的学习和发展。

高校体育教学设计具有重要的意义，对于促进学生全面发展、提高教学效果和推动体育教育改革具有深远的影响。

通过科学规划和设计教学内容、方法和手段，体育教学能够有针对性地培养学生的身体素质、运动技能、健康意识和团队合作能力等方面。良好的教学设计能够让学生在体育课程中全面发展，不仅促进了身体健康，也培养了学生的个性和团队精神。通过科学设计教学目标和教学方法，能够更好地激发学生的学习兴趣，增强学生的学习动力。合理的教学设计能够使教学过程更加生动、有趣，提高学生的参与度和专注度，从而达到更好的教学效果。同时，教学设计还能够帮助教师更好地掌握教学进度和学生学习情况，及时调整教学策略，保证教学质量。随着社会的发展和教育理念的更新，体育教育也在不断改革和创新。科学的教学设计能够促进教学内容的更新和教学方法的改进，更好地适应社会发展和学生需求的变化。通过不断探索和实践，完善体育教学设计，可以推动体育教育向更加科学、全面和个性化的方向发展，为培养德智体美全面发展的社会主义建设者和接班人做出积极贡献。

二、教学设计的程序

（一）教学目标的确定

教学目标的确定在高校体育教学中至关重要，它直接影响着教学内容的选择、教学方法的设计以及学生学习的效果。在确定教学目标时，通常会包括知识目标、技能目标和素质目标三个方面。

1. 知识目标

在高校体育教学中，知识目标通常涉及体育科学、运动训练理论、运动解剖学、运动生理学等方面的知识。这些知识可以帮助学生深入理解体育运动的原理和规律，为他们在实践中提供理论指导和支持。例如，学生需要了解人体各器官的结构和功能，运动对身体的生理影响，以及运动训练的基本原则等。通过学习这些知识，学生可以在体育实践中更加科学地进行运动训练和身体锻炼，提高运动表现水平。

2. 技能目标

高校体育教学的一个重要任务就是培养学生的运动技能，使其具备参加各种体育活动和比赛的能力。技能目标通常包括基本运动技能和专项运动技能两个方面。基本运动技能包括跑、跳、投、接、掷等常见的基本动作，而专项运动技能则根据学生的兴趣和特长进行选择和培养。通过系统的训练和实践，学生可以逐步掌握和提高各种运动技能，提高自己的体育运动水平。

3. 素质目标

高校体育教学旨在全面发展学生，不仅要关注他们的身体健康和运动技能，还要注重培养其思想道德素质、心理素质和社会适应能力等方面的素质。素质目标通常包括身体素质、心理素质、道德素质、创新能力、团队合作能力等多个方面。通过体育教学，学生可以培养良好的体育意识和习惯，增强自信心和坚强意志，培养团队协作精神和竞争意识，提高自己的综合素质和综合能力。

（二）高校体育教学内容的选择与编排

高校体育教学内容的选择与编排是体育教育领域中的重要课题，它直接影响着学生的身心健康和综合素质的提升。在选择和编排体育教学内容时，需要综合考虑学生的年龄特点、身体素质、兴趣爱好以及课程目标等方面，确保教学内容既具有科学性和系统性，又能够激发学生的学习兴趣，达到教学效果最大化的目的。

高校体育教学内容的选择应当符合学生的年龄特点和身体素质发展规律。不同年龄段的学生身体素质存在明显的差异，因此，体育教学内容应当根据学生的年龄特点，科学合理地安排不同类型的体育活动。例如，对于年轻的大学生群体，可以注重基础体能和运动技能的培养，如有氧运动、力量训练、柔韧性训练等；对于成年学生，则可以更加注重综合性体育运动项目的学习和实践，如篮球、足球、排球等。

体育教学内容的选择还应当考虑学生的兴趣爱好和特长。兴趣是学习的最好动力，因此，在选择体育教学内容时，应当尊重学生的个性差异，充分考虑他们的兴趣爱好和特长，提供多样化的体育活动选择，如篮球、足球、游泳、羽毛球等，以满足不同学生的需求，激发他们的学习热情和参与积极性。

体育教学内容的编排需要考虑课程目标和教学大纲的要求。高校体育课程的目标通常包括提高学生的身体素质、培养学生的运动技能、促进学生的身心健康等方面。因此，在编排教学内容时，应当根据课程目标和教学大纲的要求，合理安排各种体育活动的比例和难度，确保教学内容的科学性和系统性。

体育教学内容的选择还应当考虑到社会发展的需求和时代特点。随着社会的进步和发展，人们对健康生活的重视程度越来越高，因此，高校体育教学内容应当紧密结合社会需求，注重培养学生的健康意识和自我管理能力，提倡终身体育的理念，使学生能够在未来的生活和工作中保持良好的身心健康状态。

在具体编排体育教学内容时，可以采取多种方式和方法，如分层次、分阶

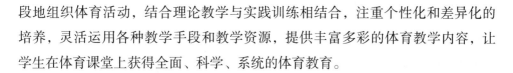

段地组织体育活动，结合理论教学与实践训练相结合，注重个性化和差异化的培养，灵活运用各种教学手段和教学资源，提供丰富多彩的体育教学内容，让学生在体育课堂上获得全面、科学、系统的体育教育。

（三）高校体育教学策略的制定

1. 教学模式选择

在高校体育教学中，选择适合的教学模式至关重要，它直接影响着教学效果和学生的学习体验。常见的教学模式包括传统教学模式、问题解决教学模式、合作学习模式等。针对不同的教学内容和学生群体，选择合适的教学模式具有重要意义。

传统教学模式是最为常见的一种，它以教师为中心，通过讲解和示范来传授知识和技能。这种模式在技术性强的体育课程中较为适用，如篮球、足球等项目的基本技术训练。然而，传统教学模式存在着学生被动接受知识的局限性，可能导致学生对体育学科的兴趣降低。

问题解决教学模式则更加注重学生的参与和主动性。在这种模式下，教师会设置问题或情境，引导学生主动探索解决问题的方法。这种模式能够培养学生的创造力、解决问题的能力和团队合作精神，适合于一些需要思维训练和实践操作的体育课程，如游泳、攀岩等。合作学习模式是通过学生之间的合作来完成任务和解决问题。在体育教学中，可以通过分组活动、小组竞赛等形式来进行合作学习。这种模式能够促进学生之间的交流与合作，培养团队精神和集体荣誉感，对于团体项目的教学尤为适用，如排球、足球等。

综合考虑教学内容、学生特点和教学目标，选择合适的教学模式对于提高教学效果至关重要。在实际教学中，教师可以根据需要灵活运用不同的教学模式，以达到最佳的教学效果。

2. 教学方法运用

教学方法的选择和运用直接影响着学生的学习效果和兴趣。在高校体育教学中，常用的教学方法包括示范教学法、游戏教学法、讨论教学法等。

示范教学法是一种直观有效的教学方法，通过教师的示范来展示正确的动作或技能。学生可以通过观察教师的示范，模仿学习，从而掌握所需的技能。这种方法适用于技术性较强的体育项目，如网球发球动作、游泳姿势等。游戏教学法是通过游戏形式来进行教学，将学习内容融入游戏中，增加学生的参与度和兴趣。游戏教学法能够激发学生的学习兴趣，提高学习积极性，适用于体育课程的初级阶段或是教学内容较为枯燥的情况。讨论教学法是一种强调学生思维和交流的教学方法，通过讨论，学生可以深入思考问题、交流看法，并从中获取知识和启示。这种方法适用于开展体育理论课程或是讨论一些体育运动规则、战术策略等内容。

3.教学媒体应用

教学媒体的应用可以有效地增强教学效果，提高学生的学习兴趣和参与度。在高校体育教学中，常用的教学媒体包括图像、视频、PPT 等。图像是一种直观的教学媒体，通过图片展示可以使学生更直观地了解技术动作或解剖结构。例如，在解说网球发球动作时，教师可以通过图像展示不同击球姿势的优缺点，帮助学生更好地理解。视频是一种生动形象的教学媒体，通过播放视频可以展示真实场景，使学生身临其境，更好地理解教学内容。例如，在教学篮球运球技巧时，播放专业球员的运球视频可以帮助学生模仿学习。PPT 是一种多媒体演示软件，通过文字、图片、音频、视频等多种形式展示教学内容，使教学过程更生动、更具吸引力。教师可以结合 PPT 展示体育运动的规则、战术、技术等内容，帮助学生更好地理解和掌握。

（四）教学组织与实施

1.教学环节设计

在高校体育教学中，设计合适的教学环节是确保教学有效进行的关键。一个良好的教学环节设计应该充分考虑到教学内容的特点、学生的学习需求以及教学目标的实现。

教学环节应包括前期准备、主体教学和课后总结三个基本环节。前期准备阶段包括教师准备教学材料、场地设施检查和学生适应性训练等；主体教学阶段应根据教学内容选择合适的教学方法和手段，确保教学质量；课后总结阶段应对学生的学习情况进行评估和反馈，帮助学生巩固所学知识和技能。教学环节设计应注重教学内容的层次性和连贯性。教学内容应按照一定的逻辑顺序组织，从简单到复杂、由易到难地展开，使学生能够逐步掌握知识和技能，形成系统的学习结构。教学环节设计还应注重教学的多样性和灵活性。教学环节可以设置多种形式，如示范演练、小组合作、游戏竞赛等，以激发学生的学习兴趣，增强学习的趣味性和吸引力。同时，教学环节设计应根据学生的反馈及时调整，灵活应对学生的学习状态和需求。

2. 教学形式安排

在高校体育教学中，合理安排教学形式是保证教学质量和学生参与度的重要保障。教学形式安排应根据教学内容、学生特点和教学目标的要求进行选择。

集体教学是指教师面向全体学生进行统一教学活动。这种教学形式适用于传授技能性较强、内容相对简单的体育项目，如基本体能训练、简单技术动作的示范等。个别指导是指教师根据学生的个体差异，对学生进行个别指导和辅导。这种教学形式适用于技术性较强、难度较大的体育项目，如击剑、游泳等，可以更好地帮助学生解决个人学习难题，提高学习效果。小组合作是指教师将学生分成若干小组，让学生在小组内相互合作完成任务。这种教学形式适用于培养学生的团队合作精神和集体荣誉感，如集体项目的训练和比赛等。个人自主学习是指学生根据教师的指导，自主进行学习和训练。这种教学形式适用于培养学生的自主学习能力和解决问题的能力，如学生在健身房自主进行体育锻炼等。

3. 课堂管理与秩序维持

良好的课堂管理和秩序维持是高校体育教学的基础，它能够有效地提高教学效果，营造良好的学习氛围。课堂管理和秩序维持主要包括以下几个方面：首先教师应建立严格的纪律和规章制度，明确教学目标和学习要求，向学生传达纪律意识和教学态度，引导学生自觉遵守规定，维护良好的教学秩序。其次，教师应注重课堂管理和教学流程的组织。教师要根据教学内容和学生特点，合理安排教学活动和时间，严格控制教学进度，确保教学活动的顺利进行和高效完成。再次，教师应重视个性化教学和差异化管理。教师要根据学生的不同特点和需求，采取个性化的教学方法和手段，关注每个学生的学习进展和情况，及时进行指导和帮助，确保每个学生都能够得到有效的学习支持和指导。最后，教师应注重与学生的良好沟通和互动。教师要积极倾听学生的意见和建议，尊重学生的个性和需求，建立师生之间的良好关系和互信基础，共同营造积极向上的学习氛围和团队氛围。

三、教学条件

（一）教学资源与环境

1. 教材及教学资源

教材和教学资源在高校体育教学中扮演着至关重要的角色，它们直接影响着教学内容的设计和教学效果的实现。在选择教材和教学资源时，应注重以下几个方面：教材应符合体育教学大纲和教学目标的要求。教材内容应与教学大纲相适应，涵盖基本理论知识、技能操作和实践应用等方面，既有利于学生的理论学习，又有利于学生的实践操作。教材应具有权威性和科学性。教材作者应具有丰富的教学经验和专业知识，教材内容应经过权威机构的审定和认可，确保教学内容的科学性和可靠性。教材应具有实用性和适用性。教材内容应贴近学生的学习实际和生活需求，具有一定的实用性和应用性，能够引导学生主动学习和积极参与体育活动。教学资源应多样化和丰富化。除了传统的教科书和教学参考书外，还应配备多媒体教学资源、网络教学平台、实验室设施等，以满足不同学生的学习需求和学科发展的需要。

2. 场地器材设施

场地器材设施是支撑高校体育教学的基础，它们的完善与否直接影响着教学的效果和质量。场地器材设施应符合教学需求和教学内容的要求。根据不同体育项目的特点和教学目标，选择和配置相应的场地器材设施，保证教学内容的实施和教学效果的实现。场地器材设施应具有安全性和稳定性。教学场地和器材设施应符合安全标准和规范要求，保证学生在体育教学过程中的人身安全和财产安全。场地器材设施应具有适用性和可操作性。教学场地和器材设施应能够适应不同教学内容和学生特点的需要，具有一定的灵活性和可调性，便于教学活动的开展和教学目标的实现。场地器材设施应具有可持续性和可维护性。教学场地和器材设施应具备一定的耐用性和经济性，能够满足长期教学需求，同时要做好设施的维护和管理工作，保证设施的正常运行和有效利用。

3. 教学氛围营造

良好的教学氛围是促进学生学习和发展的重要条件，它能够激发学生的学习兴趣和积极性，提高教学效果和学习效果。营造积极向上的学习氛围。教学场所和教学设施应整洁明亮，教学环境应安静舒适，教学设备应完善齐全，以提高学生的学习积极性和学习效果。教师和学生之间应建立平等、尊重、信任的师生关系，教学过程中应鼓励学生相互合作、交流分享，形成良好的学习氛围和学习氛围。教学活动应灵活多样，教学内容应生动有趣，教学方法应多样化和灵活变通，以激发学生的学习兴趣和创造力，提高学生的学习效率和学习质量。教师要善于调节教学节奏和教学气氛，保持教学秩序和课堂纪律，及时处理教学中的矛盾和问题，确保教学活动的顺利进行和教学目标的顺利实现。

（二）教学团队建设

1. 教师专业发展

教师专业发展是高校体育教学团队建设的重要环节，它直接影响着教学水平的提升和教学质量的改善。学校应建立完善的教师培训体系，开展系统全面的教师培训活动，包括教学理论培训、教学技能培训、教学方法培训等，不断提高教师的教学水平和专业素养。学校应提供必要的支持和条件，鼓励教师积极参与学术研究和教学实践活动，培养教师的科研能力和教学创新能力，促进教学成果的转化和应用。学校应建立定期的教师评估和考核机制，对教师的教学工作进行定期评估和考核，及时发现和解决教学中存在的问题，促进教师的专业发展和教学质量的提升。最后，加强教师的继续教育和自我提升。学校应为教师提供广泛的继续教育机会和资源，鼓励教师参加各种学术交流和专业培训活动，不断更新知识和提升能力，保持教学的活力和竞争力。

2. 教学研究与交流

教学研究与交流是促进教师专业发展和教学质量提升的重要途径，它有助于教师深入探讨教学问题、交流教学经验、借鉴教学方法、拓展教学思路。在教学研究与交流方面，应采取以下措施：学校应建立教学研究领导小组或教学研究委员会，明确教学研究的目标和任务，制定教学研究计划和方案，组织开展教学研究活动，推动教学改革和发展。学校应组织教师定期举行教学交流会、教学研讨会等活动，提供交流平台和机会，促进教师之间的交流与合作，分享教学经验、交流教学方法，共同探讨教学问题，共同提升教学水平。学校应鼓励教师积极参加学术研讨会、学术论坛等学术交流活动，提供相应的支持和资助，扩大教师的学术影响力和交流空间。同时，学校还应鼓励教师参加各类教学比赛和评比活动，展示教学成果，提高教学水平。学校应加强对教学研究成果的宣传和推广工作，组织编写教学研究成果集，开展教学成果展示活动，促进教学研究成果的应用和推广，推动教学改革和发展。

3. 教学管理与质量保障

教学管理与质量保障是高校体育教学团队建设的重要保障，它关系到教学工作的顺利进行和教学质量的提升。在教学管理与质量保障方面，学校应建立完善的教学管理制度，明确教学管理的职责和权限，规范教学管理的程序和流程，确保教学工作的有序进行和教学质量的保障。学校应建立健全的教学监督与检查机制，加强对教学过程的监督与检查，及时发现和解决教学中存在的问题和困难，保障教学工作的质量和效果。学校应建立学生评教制度，鼓励学生对教学过程进行评价和反馈，倾听学生的意见和建议，及时调整教学方法和策略，提高教学效果和满意度。最后建立健全的教学质量评估与改进机制，定期对教学质量进行评估和分析，找出存在的问题和不足，制定改进措施和措施，提高教学质量和水平。

通过以上措施的实施，可以有效地促进教学团队的建设，提高教学水平和教学质量，推动高校体育教育事业的健康发展。

第三节　高校体育课程的评价体系

一、高校体育课程评价现状

在体育教育领域，体育课程评价一直是一个存在问题的环节，给体育教育行政管理部门、体育教师和学生带来了困扰。近年来，我国在体育课程评价理论研究方面取得了一定进展，但在实践中仍然缺乏重大突破。尤其是在向素质教育思想转型的过程中，体育课程评价面临着挑战，难以获得全面的认可。在体育课程改革和发展过程中，我国的体育课程评价工作存在着一些亟待解决的问题。主要体现在以下四个方面。

（一）评价的领域有限

体育课程评价的领域目前存在着一定的局限性，主要受传统体育教学技能观的影响。传统上，体育课程评价主要局限于体能与运动技能的考核，而忽略了体育课程中其他领域的评价，导致评价不够全面和科学。这种评价方式使得学生只为了应付考试而学习，掌握的体育知识和技能往往局限于应试范围内，学习结束后便忘记了，与体育课程的宗旨和新理念背道而驰。新的《高等学校体育课程教学指导纲要》明确规定了运动参与、运动技能、身体健康、心理健康和社会适应五大学习领域。这些领域涵盖了体育课程中的各个方面，包括学生的身体素质、运动技能水平、心理健康状况以及社会适应能力等。因此，从这五个学习领域进行评价是相对全面和准确的。

运动参与：评价学生对体育活动的积极参与程度，包括课堂上的主动参与、课外体育活动的参与度以及个人对体育锻炼的态度和习惯等。这方面的评价可以通过观察学生的行为表现和参与情况来进行。

运动技能：评价学生在各种体育项目中的技能掌握情况，包括传统项目如篮球、足球、游泳等，也包括一些新兴项目如攀岩、健身操等。评价可以通过考核学生在各项运动中的表现和成绩来进行。

身体健康：评价学生的身体素质和健康状况，包括身体各项指标的检测结果、体能测试成绩以及身体姿势、体态等方面的评价。可以通过体质测试、身体素质测试等方式来进行评价。

心理健康：评价学生的心理素质和心理健康状况，包括自信心、抗挫折能力、情绪管理能力等方面。评价可以通过心理测试、问卷调查、个人访谈等方式来进行。

社会适应：评价学生在团体活动中的表现和社交能力，包括与他人的合作、交流和沟通能力等。评价可以通过观察学生在团队合作中的角色扮演、团队建设活动中的表现等方式来进行。

（二）评价的功能单调

传统的体育课程评价确实存在功能单调的问题，主要表现在过度强调鉴定功能而忽视了其他功能的发挥。体育课程评价具有多种功能，包括导向、激励、反馈矫正和鉴定等，然而传统评价往往局限于区分、甄别、选拔等作用，过于注重结果而忽略了评价的过程和影响。

传统体育课程评价主要以鉴定功能为主，其目的在于将学生按照成绩进行等级划分，以区分出优劣生，选拔出优秀运动员或学生，而忽视了评价在课程过程中的导向作用。这种单一的鉴定功能使得评价的意义局限于结果的认定，无法引导学生在课程学习过程中的全面发展。传统评价忽略了评价的激励和反馈功能。评价不仅仅是对学生表现的简单判定，更应该是一种激励和反馈的过程。通过评价，可以及时发现学生的不足和问题，并给予及时的指导和反馈，激励学生积极进取，改进自己的表现。然而，传统评价往往只关注学生的得失，缺乏对学生成长和进步的认可和激励，导致学生缺乏学习动力和积极性。

（三）评价偏重标准化与定量化

评价偏重标准化与定量化在体育课程评价中带来了一系列明显的缺点。首先，这种评价方式容易忽视学生的个体差异和特点。体育学习涉及学生的身体素质、运动技能水平、心理特点等方面，而过度强调统一的评价标准和定量化方法，使得评价结果缺乏个性化和准确性。其次，传统的评价方法局限在运动技能等方面，忽视了体育课程的多样性。体育教育不仅仅是关于技能的学习，还包括了身体健康、心理发展、社会适应等多个方面，但传统评价方法往往无法全面反映这些方面的评价，导致评价内容单一。再次，定量化评价方法往往注重结果的统计和数值化，而忽视了对学生深层次理解的重要性。体育教育的目的不仅是培养学生的运动技能，更重要的是促进其身心健康和全面发展，但单纯的定量化评价方法难以捕捉学生的内在需求和发展潜力，限制了评价的深度和广度。最后，由于过度注重统一的标准和定量化评价方法，缺乏对个体差异的个性化评价要求。每个学生的学习方式、兴趣爱好、学习能力等都可能不同，但缺乏个性化评价要求的评价方法难以满足不同学生的学习需求，影响了评价的针对性和有效性。因此，体育课程评价应该摒弃过度强调标准化和定量化的做法，而是朝着更加个性化、综合化和全面化的方向发展，以更好地满足学生的学习需求和促进其全面发展。

（四）评价缺少参与的主体

在体育课程评价中，评价缺少参与的主体是一个明显的问题。传统的评价模式更多地体现为教师评价学生，而缺乏学生之间的互评以及学生的自评。评价的内容、方法和标准通常由体育课程的管理者和教师决定，学生往往缺乏选择的权利，难以发挥其主观能动性和参与性。同样，对体育教师的评价也常常缺乏来自学生和教师之间的互评。由此可见，参与体育课程评价的主体太少，导致评价缺乏科学性、客观性和合理性。评价的视野相对狭窄，无法全面反映学生和教师的真实情况，评价的作用和功能也难以得到充分发挥。要解决这一问题，需要建立更加多元化和民主化的评价机制，鼓励学生、教师以及管理者之间的互动和参与，从而实现体育课程评价的科学性和有效性。

二、高校体育课程评价的发展趋势

体育课程的评价必须顾及体育课程发展趋势，寻求一条既符合世界课程改革趋势，又能够为"健康第一"和终身体育思想服务，具有中国特色的体育课程评价体系。

（一）评价的教育和发展性

体育课程评价的教育和发展性是评价的根本目的，而非次要的区分、甄别或选拔。在素质教育和终身体育的理念下，我们强调体育课程评价应该注重对学生的教育和发展功能。评价的目的在于完善对教师和学生的教育，促进体育课程、教师和学生的全面发展。评价不是一个孤立的终点，而是一个连续的过程，其最终目的是激励和反馈。通过评价，我们能够及时向体育教师和学生提供反馈信息，使他们能够了解在体育课程中存在的缺陷和不足，从而激励他们进一步努力，不断完善体育课程学习，促进体育课程和学生的未来发展。

在评价的过程中，应该注重教育性，即评价结果应该能够为学生的学习和成长提供有益的教育指导。评价应该着重关注学生的发展进程和成长轨迹，而不仅仅是学生的得失或成绩。通过评价，可以发现学生在身体素质、运动技能、心理健康等方面的不足之处，从而为他们提供有针对性的教育措施和发展建议。此外，评价也应该具有发展性，即评价结果应该能够促进教师和学生的进步和发展。评价不应该仅仅停留在结果的描述和统计，而是应该通过对学生学习过程的深入分析，为他们提供具体的改进方案和发展建议。同时，评价也应该为教师提供反思和改进的机会，鼓励其不断探索创新的教学方法和策略，以提升教学质量和效果。

（二）评价内容综合化和个性化

体育课程评价内容的综合化和个性化是为了更好地反映学生的全面发展和个体差异，符合素质教育和终身体育的理念。传统的体育课程评价主要注重运动技能的评价，而忽视了学生的学习态度、心理发展、情感表现以及社会适应等方面，这与体育教育的目标和要求不符。因此，体育课程评价内容的综合化和个性化至关重要。

体育课程评价内容的综合化应该以全面评价突出重点为原则。这意味着评价内容应该涵盖多个方面，包括体能、体育知识与技能、学习态度、情绪表现与合作精神等领域。评价不仅仅局限于运动技能的表现，还应该考查学生在课堂中的参与度、团队合作能力、自我管理能力等综合素质。只有这样，才能更好地反映学生的整体水平和发展情况。

随着高校体育课程模式呈现多元化的发展趋势，学生有了选择不同课程形式和不同课程内容的自主权。因此，如何对不同类型课程和不同项目构成的课程进行评价成为一个重要的问题。个性化评价是解决这一问题的关键。评价应该根据不同类型和不同项目的课程特点，灵活运用不同的评价方法和标准，确保评价内容和方式与课程特点相匹配。例如，在体育课程中，有些课程可能更注重体能训练，而另一些课程可能更注重技术细节和策略规划。因此，评价方法和标准应该针对性地进行调整，以确保评价的准确性和有效性。

（三）评价方式多样化

体育课程评价的多样化是必要的，因为评价本身具有复杂性，而体育课程又涉及多个方面的学习和发展。评价方式的多样化可以弥补单一评价方法的局限性，从而更全面地了解学生的学习情况和发展水平。在体育课程评价中，可以采用多种评价方法相结合的方式，以确保评价的科学性、合理性和公平性。

结果评价主要关注学生在特定时点的表现和成绩，而过程评价则关注学生在学习过程中的态度、努力程度以及对技能和知识的掌握情况。通过结合这两种评价方式，可以全面了解学生的学习情况，不仅看到学生的终点，还能够了解他们的学习过程。除了教师的评价外，还可以让学生进行自我评价，从而让学生更加主动地参与到评价过程中来。通过学生自我评价，可以促使他们更深入地思考自己的学习情况和发展需求，从而更有效地改进学习方法和提升学习效果。定性与定量评价也应该相结合。定性评价可以帮助捕捉到学生的情感、态度和价值观等方面的信息，而定量评价则可以提供史具体、可量化的数据支持。通过综合运用定性和定量评价方法，可以更全面地评估学生的学习表现和发展状况。

诊断性评价侧重于发现学生的学习问题和困难，形成性评价则注重于指导学生的学习过程和提供反馈，而终结性评价则对学生在学习结束时的整体表现进行总结和评价。通过综合运用这三种评价方式，可以及时发现并解决学生的学习问题，同时为学生提供更具体的指导和支持，最终实现对学生学习过程和学习成果的全面评价。

（四）评价主体多元化

在传统的体育课程评价中，评价主体通常仅限于体育课程管理者和体育教师，而学生则被动地接受评价，缺乏主动参与的机会。然而，现代教育理念强调评价主体的多元化，在体育课程评价中也应该如此。评价主体应该包括体育课程行政管理部门、体育教师、学生以及家长，每个主体都能够为体育课程的评价提供独特的视角和反馈。

评价主体的多元化可以实现对体育课程更全面、更客观、更科学的评价。体育课程管理部门和体育教师可以提供专业的教学和管理视角，学生则能够从学习和体验的角度提供反馈，家长则能够提供对学生在体育课程中表现的观察和理解。这样，综合各方反馈，评价结果更具权威性和可信度。评价主体的多元化可以促进学生对知识和技能的掌握，增强对体育的兴趣和自觉参与精神。学生作为评价的一部分，参与其中会更加重视自己在体育课程中的表现，从而激发学习动力，提高学习效果。同时，学生的参与还能够帮助教师更好地了解学生的需求和兴趣，调整教学策略，使体育课程更加贴近学生的实际情况。评价主体的多元化有利于学生对体育的自我了解和自我评价，促使他们找出不足和差距，进而在课外体育活动中具有更加明确的目的性和针对性。通过参与评价过程，学生能够更深入地了解自己在体育课程中的表现，找出自己的优势和不足，从而更有针对性地制定学习计划和提高自身水平。

三、高校体育课程评价体系

（一）对"教"的评价

高校体育课程中对于教师的评价是评估其教学能力和水平的重要环节。这一评价不仅关注教师的专业技能，更需要综合考量其综合素质和教学效果。评价体育教师的教学表现应当立足于全面、客观、科学的原则，不可孤立看待，而是要以辩证的视角去分析。评价体育教师的教学水平和能力是评价的核心。这方面评价注重教师在教学过程中的表现，包括教学方法的运用、教学内容的设计、课堂管理的能力等。教师应当能够灵活运用各种教学手段，激发学生的学习兴趣，确保教学内容的生动、有趣、有效。这种评价不仅局限于教学技能，还涉及教师的人格魅力、团队协作能力、专业发展态度等方面。体育教师的教学水平不仅在于其技术和方法的运用，更需要在激发学生兴趣、引导学生发展、塑造学生品格等方面有所作为。

1. 对体育教师评价的内容

在对体育教师的评价中，评价内容应该综合考虑多个方面，以确保评价的全面性和客观性。以下是对体育教师评价中的主要内容：

（1）教学水平评价

教师的教学方法、教学内容设计、课堂组织管理等方面。教师的教学水平直接影响到学生的学习效果和教学质量，因此应该受到重点关注。

（2）专业素养评价

教师的专业知识掌握情况、专业技能运用能力、教育教学理论水平等方面。专业素养是体育教师从事教育工作的基础，对于教师的综合能力和教学质量具有重要影响。

（3）师德师风评价

教师的职业道德、教学态度、团队合作精神、学生关爱和指导等方面。教师的师德师风是评价教师整体素质的重要标志，直接关系到教育教学工作的开展和教育教学质量的提高。

（4）学生评价

评价体育教师还可以包括学生的评价内容。学生是体育教学的直接受益者，他们的评价可以直接反映教师的教学效果和教学水平。学生评价可以通过问卷调查、小组讨论、个别谈话等形式进行，以获取全面客观的反馈信息。

（5）同行评价

教师之间可以相互观摩课堂教学、相互交流教学经验，然后进行评价和反馈。同行评价有利于促进教师之间的交流合作，提高教学水平和教育教学质量。

总的来说，对体育教师的评价内容应该全面、客观、科学，综合考虑教学水平、专业素养、师德师风、学生评价和同行评价等多个方面，以确保评价的准确性和有效性。同时，评价内容的具体安排应根据各地区、院校的实际情况和特点进行灵活调整，实现评价的多元化和差异化。

2. 体育课程"教"的评价的策略

在推动高校体育课程评价改革的过程中，更新评价理念是至关重要的。这需要根据现代教育理念的要求，确立适应时代发展和社会需要的评价方针。传统的体育教育评价可能存在着与现代教育理念不符的地方，例如过于注重结果而忽视过程，或者评价内容单一而忽略综合素质的培养。因此，通过引入现代教育理念，我们可以更好地指导体育教师的教学实践，促进其评价体系的更新和完善。

体育教师的教学评价应该是全面评价突出重点的体现。这意味着评价不应该仅仅局限于对教师教学能力的简单评估，而是要考虑到教师对学生未来生活和工作的影响，以及对学生身心健康的培养。全面评价需要涵盖多个方面，包括教学水平、专业素养、师德师风等，这样才能更准确地反映教师的整体素质和教学效果。

在推进高等学校体育课程评价改革的过程中，必须加大对体育教育的投入，改善体育环境。这包括经费投入、人力资源投入以及政策支持等方面。经费投入可以改善体育设施和器材，提高教学条件；人力资源投入则可以通过教师培训、学历提升等方式提高教师水平；而政策支持则可以促进体育教学的发展和改革。这些措施可以改善高校体育教学的软硬环境，从而提升教学质量和教师评价水平。

通过以上措施的实施，我们可以更好地推动高校体育课程评价的改革和发展。更新评价理念，实现全面评价突出重点，加大对体育教育的投入，这些措施将为提升体育教育的质量和水平提供坚实的理论和实践基础。同时，这也将有助于培养更多身心健康、全面发展的优秀人才，为社会发展和进步做出积极贡献。

（二）对"学"的评价

对学生在体育课程学习水平的评价是一个综合而复杂的过程。体育课程不仅仅是传授运动技能和体育知识，更重要的是培养学生树立正确的体育价值观。

体育课程旨在将体育运动视作促进身心健康的手段，并树立终身体育的理念。在体育课程中，学生不仅学会了科学的体育锻炼方法，还培养了良好的思想品质。因此，对学生在体育课程中的学习评价应该立足于促进学生未来的发展，关注他们的身心健康成长。

1.体育课程"学"的评价内容

体育课程中学生的学习评价是非常重要的，它涵盖了多个方面，旨在全面了解学生的学习情况、发现不足、促进进步和个体发展。这种评价是体育教学的关键组成部分，通过它可以为学生的成长和发展提供有效的指导和支持。

第一，体育课程"学"的评价旨在了解学生的体育学习情况与表现，以及学生是否达到了教学目标。这包括对学生在体育技能、知识、能力等方面的掌握情况的评估，以及他们在体育课程中的积极参与和表现的评价。通过对学生的学习情况进行评价，教师可以及时了解到学生的学习进度和水平，为后续的教学活动做好准备。

第二，体育课程"学"的评价还旨在发现学生在学习中存在的不足和差距，从而调整教学计划，改进教学方法。通过对学生学习过程中的问题和困难进行分析和评价，教师可以及时采取相应的措施，帮助学生克服困难，提高学习效果。这种评价不仅有利于学生个体的成长，也有助于整个体育课程的质量提升。

第三，体育课程"学"的评价还可以通过为学生提供展示自己能力、水平和个性的机会，鼓励学生发挥体育特长，促进学生的进步与发展。通过参加体育比赛、展示表演等活动，学生可以展示自己的体育技能和能力，增强自信心，激发学习的兴趣，提高学习积极性。这种评价方式不仅有利于学生个人的发展，也有助于建设具有活力和竞争力的体育课程环境。

第四，体育课程"学"的评价还应关注学生的个体差异与不同需求，确保每一个学生受益。由于每个学生的体育兴趣、能力和学习特点都不同，因此评价过程中需要充分考虑到这些差异性，采取灵活多样的评价方法和手段，确保每个学生都能得到合理、公正的评价，从而更好地激发他们的学习潜能，促进全面发展。

2.体育课程"学"的评价策略

体育课程"学"的评价策略应当充分考虑到学生的个体差异和多样化需求，

确保评价既全面综合又具有个性化特点。以下是一些体育课程"学"的评价策略：

首先，综合评价与个性化评价相结合。评价体育课程学生的学习应该同时考虑到综合化和个性化的要求。综合化评价要关注学生在运动技能、运动参与、身体健康、心理健康和社会适应等领域的表现，而个性化评价则应根据学校和学生的特定要求，以及学生个人的发展需求进行定制化评价。

其次，将学校对学生的体育与健康评价与体育课的考核区分开来。体育课程学生的评价不仅包括对学生身体健康状况的检查和测定，还应该包括对学生在体育课程学习中的表现评价。两者应当相互独立，避免混淆。对体育课程的评分应该注重鼓励和激励学生，采用等级评分制度，同时考虑综合化和个性化的要求。

再次，引入运动处方作为学生学习评价的一部分。运动处方的制定是基于学生的生理功能测定和个人特点。通过对学生的生理素质进行科学测定，例如心肺功能、肌肉力量、柔韧性等方面的评估，结合学生的年龄、性别、身体状况、兴趣爱好等个人特点，制定出合理的运动项目和运动方式。这样的评价方法不仅考虑到学生的整体生理状况，还充分尊重了学生个体差异，确保了运动处方的针对性和科学性。运动处方强调学生自觉主动参与体育过程。通过让学生参与运动处方的制定过程，使他们对自己的身体状况和运动需求有更深入的认识和了解。学生在参与制定过程中，不仅可以表达自己的偏好和需求，还能够学习到科学的运动知识和方法，增强自己的健康意识和自我管理能力。这种自觉主动地参与能够激发学生的学习兴趣和动力，使他们更加积极地投入到体育活动中。

最后，关注全体学生，促进学生的全面发展。评价体育课程学生的学习不应只关注一部分学生，而应当全面关注每一个学生的学习情况和发展需求。通过评价，不仅要反映学生在基本要求方面的发展，更要关注学生个性特长的培养，使每个学生都能够看到自己的进步和发展。

第三章 高校体育教学内容与方法的拓展

第一节 体育教学内容的多元化与拓展

一、体育教学内容概述

体育教学内容是以促进学生身心健康发展为目的，在课堂教学中实施的一系列体育活动和运动技能的总称。与其他学科相比，体育教学内容具有独特的特点和优势。首先，体育教学内容注重实践性，通过身体练习、运动技能训练以及教学比赛等形式，使学生在动态的环境中积极参与，提高身体素质和运动技能。其次，体育教学内容常源于生活实践，融合了娱乐性、观赏性和竞技比赛性，让学生在锻炼身体的同时享受运动的乐趣，培养团队合作精神和竞技意识。体育教学内容包含两层含义：

（一）体育教学内容有别于一般的教育内容

体育教学内容与一般的教育内容有着明显的区别，主要体现在以下几个方面：

首先，体育教学内容是依据体育教学目标而选择的。在制定体育教学目标时，教育者会充分考虑学生的身心发展需要、教学实际条件等因素，以确保教学内容的选择符合学生的实际情况和发展阶段。与此不同，其他学科的教学内容可能更多地基于知识体系和学科要求，相对更为抽象和理论化。其次，体育教学内容是以身体活动为基本手段来进行的教育。体育教学内容主要包括身体锻炼、身体练习、运动技术与技能学习以及教学比赛等形式，这些活动直接涉及学生的身体运动和动作表现。相比之下，其他学科如语文、数学、英语等则更注重理性知识的传授和理解。最后，体育教学内容的组织形式与其他学科也存在明显差异。在体育教学中，教师通常会通过体育课、体育锻炼、体育比赛等形式来组织教学活动，注重学生的身体动态参与和实践操作。而其他学科的教学可能更多地以课堂讲授、书本阅读、课外作业等静态形式为主。

（二）体育教学内容有别于竞技运动的内容

体育教学内容与竞技运动的内容虽然有相似之处，但在目的、运用方式以及对受教育者（或训练者）的要求等方面存在显著的差异。

首先，体育教学的目的是培养健康的合格公民。体育教学强调的是全面的身心健康发展，旨在通过体育活动促进学生的身体素质、心理素质和社会交往能力的提升，培养学生的健康意识和生活习惯。相比之下，竞技运动的目标是培养高水平的运动员，追求优异的运动成绩。竞技运动更加注重的是比赛成绩和个人或团队的荣誉，强调的是专业的训练和竞技技能的提升。其次，体育教学内容需要根据社会发展进行必要的改造、组织和加工。体育教学将运动项目纳入教学体系中，通过课堂教学、体育课程和其他教学活动等形式，对学生进行系统的训练和指导。相比之下，竞技运动的内容通常不会进行改造，其训练更加注重专业性和个性化，侧重于针对运动员个体的训练计划和技术调整。最后，即使是相同的运动项目，体育教学和竞技运动对受教育者（或训练者）在体能发展的水平和动作技能的标准化程度等方面的要求也存在差异。体育教学更注重学生的全面发展，对体能水平和动作技能的要求相对较为灵活，更加注重学生的参与和体验；而竞技运动则更加注重个体的训练成绩和竞技水平，对运动员的体能和技术要求更加严格和规范化。

（三）体育教学内容的特点

1. 实践性

体育教学内容的实践性体现在学习过程中的身体运动实践和参与性方面。这种实践性是指学生必须亲身参与身体运动的实践活动，通过肌肉运动和身体感觉的体验，来学习和掌握体育教学内容。

体育教学内容主要以身体锻炼、身体练习、运动技术与技能学习、教学比赛等实践活动为主。学生在体育课上不仅是被动地接受知识和技能，更是通过亲身参与各种运动活动来加深理解和掌握。体育教学内容的实践性体现在运动过程中的本体感受和情感体验上。学生通过运动过程中的身体感觉和情感体验，逐步感知运动技能的要领和运动规律，培养自我意识和自我调节能力。体育教学内容中的知识学习和道德培养也需要通过实践活动来获得。例如，在教学比赛中，学生不仅能够锻炼运动技能，还能够学会团队合作、公平竞争、尊重对手等道德品质，这些都是通过实际运动实践中的体验和感悟来获得的。

2. 健身性

体育教学内容以身体活动为基本手段，必然对身体产生一定的运动负荷，从而产生健身效果。虽然在教学过程中运动负荷的大小、多少和学习目标的优先级常常处于非自觉状态，但通过科学的设计和控制，可以最大限度地发挥体育教学的健身效果。在体育教学中，合理安排不同部位的运动内容，并对运动负荷进行评估和调整，有助于达到身体锻炼的目的。

3. 娱乐性

体育教学内容大多涉及竞技性的运动项目，参与者在运动过程中会经历学习、竞争、协同、挑战、表现、战胜、超越等心理体验，带来愉悦的审美体验。当学生真正感受到这种乐趣时，会增强他们在体育教学中对运动乐趣的追求动机。这种乐趣体验也是体育教学内容与其他文化课内容的重要区别之一，它为学生提供了在运动中享受快乐的机会，激发了他们对体育活动的兴趣和热情。

4. 层次性

体育教学内容具有显著的层次性，体现在内在层次性和外在层次性两个方面。

体育教学内容的内在层次性指的是体育运动的内在规律使得教学内容呈现由简单到复杂、由易到难的递进式层次。例如，在篮球运动中，学生需要先掌握基本的运球、传球等基本技术，然后才能进一步学习篮球战术和战术配合；在田径教学中，学生首先需要学习短跑等基础内容，然后才能逐步学习更复杂的跨栏跑等内容。这种内在层次性能够相互联系和相互制约，构建起体育教学内容的系统性和逻辑性，为学生的运动技能和技术水平的提升提供了基础和保障。

体育教学内容的外在层次性指的是学生的生理、心理和社会特点等外在因素具有递进式的层次性。这意味着学生的身体素质、运动能力、心理承受能力以及社会交往能力等都存在着不同的发展阶段和层次。因此，体育教学内容的安排应该根据学生的不同特点和发展阶段进行适当的调整和设计，使之具备系统性、逻辑性，并与内在层次性因素相适应。例如，对于年龄较小的学生，教学内容可以更加注重基础技能的训练和体能的培养，而对于年龄较大的学生，则可以更加注重技术的提高和战术的应用。

5. 开放性

体育教学内容通常以集体活动形式进行，如运动学习和竞赛。这种集体活动往往以队形变化、分组学习、分组练习等方式组织进行，促使师生和学生之间自由地相互交流和互动。在分组学习中，学生扮演不同的社会角色，要求他们在团队中明确分工、协作配合，这种社会角色的变化比其他学科的学习更为频繁。体育教学内容因此体现了对学生集体主义精神、竞争意识和协同能力的培养，为他们的团队合作和社交技能的发展提供了良好的机会。

6. 约定性

体育运动项目和身体练习方式通常在特定的时间、场地和规则下进行，如田径、郊游、沙滩排球、户外运动等。这些项目和方式的实施依赖于特定的时空环境和约定的规则和程序。如果脱离了这些制约条件，内容和形式将发生质的变化，甚至无法实现。由于体育教学内容的时空约定性，使得对运动的时空有着很大的依赖性，同时场地、器材和规则本身也成了体育教学内容的制约因素。因此，体育教学内容的约定性要求教师在设计教学内容时必须充分考虑这些条件，并进行相应的安排和调整，以确保教学的顺利进行和有效实施。

二、体育教学内容多元化与拓展的重要意义

体育教学内容的多元化与拓展对学生的全面发展和个性成长具有重要意义。这种多元化体现在教学内容的广泛性、丰富性和灵活性上，能够满足不同学生的需求和兴趣，促进他们在体育领域的多方面发展。

（一）多元化的体育教学内容有助于促进学生全面发展

体育教学不仅仅是单一运动项目的学习，而是涵盖了多种运动技能和体育活动的综合训练。通过引入不同类型的运动项目和体育活动，如球类运动、田径、游泳、体操等，可以全面培养学生的身体素质、协调能力、反应能力以及心理素质等方面的能力，实现身体、心理和社会的全面发展。

（二）多元化的体育教学内容能够满足学生个性化发展的需求

不同学生在体育方面有着不同的兴趣、特长和潜能，因此，提供多元化的教学内容能够让每个学生都能找到适合自己的运动项目和体育活动，激发他们的学习兴趣和参与热情。通过个性化的体育教学内容设计，可以更好地调动学生的积极性和主动性，提高他们的学习动力和学习效果。

（三）多元化的体育教学内容有利于培养学生综合素质和核心能力

现代社会对人才的要求越来越高，不仅要求学生具备良好的身体素质，还需要具备良好的团队合作能力、创新能力、沟通能力等综合素质。通过多元化的体育教学内容，可以培养学生的团队精神、领导能力、判断力和解决问题的能力，使他们在竞争激烈的社会中具备竞争力和适应力。

（四）多元化的体育教学内容还能够促进文化交流和跨学科学习

体育是一种具有普遍性和国际性的语言，通过学习不同国家和地区的体育运动项目和文化，可以增进学生对世界多样性的了解和尊重，拓展他们的视野和知识面。同时，体育教学内容与其他学科内容的交叉融合，可以促进跨学科学习，提高学生的综合素质和综合能力。

三、体育教学内容多元化与拓展的主要内容

（一）传统体育项目的延伸与拓展

通过对传统体育项目进行改编、增加创意元素、探索衍生项目等方式，可以丰富教学内容，激发学生的兴趣和参与热情，促进他们的全面发展和个性成长。

通过改编规则、增加难度、加入创意元素等方式对传统体育项目进行延伸与拓展。例如，在篮球项目中，可以引入新的比赛规则或者增加难度更高的技术要求，如限定时间内完成投篮任务或者在传统的比赛规则下增加一些创意挑战，如闭目投篮或者背对篮筐投篮等。这种延伸与拓展不仅可以增加游戏的趣味性和挑战性，还能够锻炼学生的创新能力和应变能力。探索传统体育项目的衍生项目，如体育舞蹈、创意体操等。通过将传统体育项目与舞蹈、音乐等元素结合，创造出新颖有趣的体育活动形式。例如，可以将传统的篮球运动与舞蹈元素相结合，设计出篮球舞蹈表演，既能够展示学生的运球、传球技巧，又

能够展现他们的舞蹈艺术和创造力。这种衍生项目不仅能够拓展学生的运动领域，还能够促进跨学科学习和综合素质的提升。

（二）非传统体育项目的引入

引入学生可能不熟悉的体育项目，如攀岩、飞盘、板球等，可以丰富教学内容，拓展学生的运动领域，提供更多选择，满足学生多样化的兴趣和需求。

传统体育项目虽然具有一定的吸引力，但对于某些学生来说可能缺乏新鲜感和挑战性。而引入非传统体育项目，如攀岩、飞盘、板球等，可以打破常规，让学生体验到不同的运动乐趣和挑战，激发他们的兴趣和积极性。对于学生来说，接触新的体育项目可能存在一定的难度和挑战。因此，教师需要积极寻找相关的教学资源和方法，确保学生能够快速上手并享受活动。可以通过组织示范、提供专业指导、设置适当的训练环境等方式，帮助学生逐步掌握技能，增强信心，提高参与度。引入非传统体育项目还能够促进学生的全面发展。这些项目往往涵盖了不同的技能和能力，如力量、速度、灵活性、协调性等，可以全面锻炼学生的身体素质和运动技能。同时，这些项目也有助于培养学生的团队合作精神、沟通能力和挑战精神，提高其综合素质和竞争力。

（三）健康与生活方式的结合

将健康知识和生活方式融入体育教学，不仅可以促进学生对健康的认识和理解，还能够培养他们养成良好的运动习惯，提高身体素质，改善生活质量。在体育教学中，可以通过课堂讲解、实践操作等方式，向学生介绍健康饮食的重要性、均衡膳食的原则、营养成分的作用等知识，教导他们如何选择合理的食物并培养健康的饮食习惯。同时，还可以介绍身体保健的方法，如正确的休息方式、适度的运动锻炼、保持良好的心态等，帮助学生养成健康的生活方式。通过课堂讲解、案例分析、实践体验等方式，向学生介绍体育运动对身体健康的益处，如增强体质、提高免疫力、预防疾病等。同时，还可以通过体育活动的实际操作，让学生亲身感受到运动带来的愉悦和健康效益，激发他们长期坚持运动的意识和动力。

（四）文化与传统体育的交融

文化与传统体育的交融是体育教学内容多元化与拓展的重要组成部分。通过推介民族传统体育项目和开展跨文化交流活动，可以促进学生对本土文化的认知与传承，同时也能够拓展他们的视野，增强跨文化交流和理解能力。

民族传统体育项目，如太极拳、传统舞蹈等，这些传统体育项目不仅是民族文化的重要组成部分，更是历史、地域、生活方式等多方面的体现。通过向学生介绍这些传统体育项目的起源、发展历程、技术特点等内容，可以增进他们对本土文化的认知和理解，激发对传统文化的热爱和传承。同时，在体育教学中引入这些传统体育项目，可以丰富教学内容，提高学生的参与度和学习兴趣，促进身心健康的全面发展。

开展跨文化交流活动，让学生了解其他国家或地区的传统体育项目，拓宽视野。通过邀请外国教练或专家来校进行讲解或示范，组织学生观摩或实践体验，可以让学生亲身感受到不同文化背景下的体育运动风采，拓展他们的视野，增强跨文化交流和理解能力。同时，这种跨文化交流活动还能够促进国际友谊和文化交流，培养学生的国际意识和全球视野，为他们未来的成长和发展打下良好的基础。

（五）社会实践与服务学习

社会实践与服务学习是体育教学内容多元化与拓展的重要组成部分。通过结合社区资源，开展体育实践活动，如义工服务、社区体育活动组织等，可以培养学生的社会责任感和团队合作精神，促进他们的身心健康全面发展。

学校可以与当地社区合作，利用社区场地和资源，组织学生参与体育活动，如健身跑、公益义卖、社区体育比赛等。通过这些活动，学生不仅可以锻炼身体，还可以为社区健康和活动的发展做出贡献，培养他们的社会责任感和服务意识。在体育实践活动中，学生需要与他人合作，共同完成任务和达成目标。通过分工合作、协调配合等方式，可以提高学生的团队合作能力和沟通协调能力，培养他们的团队精神和集体荣誉感。

参与社会实践和服务学习活动还可以促进学生的身心健康全面发展。体育活动不仅可以锻炼身体，还可以促进学生的心理健康。通过参与体育实践活动，学生可以释放压力，缓解焦虑和紧张情绪，增强自信心和抗挫折能力，提高身心健康水平。

（六）课外拓展与比赛机会

提供课外体育俱乐部或兴趣小组以及组织学校内外的体育比赛和交流活动，

可以满足学生进一步深造和发展的需求，激发他们的竞技精神和团队荣誉感。

学校可以根据学生的兴趣和需求，设立不同类型的体育俱乐部或兴趣小组，如篮球俱乐部、足球队、羽毛球小组等。这些俱乐部或小组可以提供额外的训练和活动机会，满足学生对特定运动项目的深造和发展需求。同时，也可以通过这些俱乐部或小组，培养学生的团队合作精神和领导能力，提高他们的综合素质和竞技水平。学校可以定期组织校内体育比赛，如校运会、校内篮球联赛等，为学生提供展示和竞技的舞台，激发他们的竞技精神和斗志。同时，还可以组织学校间的体育交流活动，与其他学校进行友谊赛或联合训练，拓展学生的视野，增强团队凝聚力和合作意识，培养他们的团队荣誉感和国际意识。

总之，这些体育教学内容多元化与拓展的举措可以满足学生进一步深造和发展的需求，激发他们的竞技精神和团队荣誉感，促进他们的全面发展和健康成长。

第二节　体育教学方法的拓展与优化

一、传统体育教学方法的不足

传统体育教学方法在某些方面存在一定的不足，主要表现在教学模式单一缺乏创新、教师主导学生参与度不高以及忽视了个体差异导致教学效果一般等方面。

传统体育教学方法往往采用单一的教学模式，缺乏创新。传统体育教学通常以教师为中心，以讲解知识和示范动作为主要方式，学生主要是被动接受和模仿。这种教学模式缺乏灵活性和趣味性，容易让学生产生疲倦和厌倦情绪，影响了他们的学习积极性和效果。此外，传统体育教学往往依赖于固定的教材和教学内容，缺乏创新和变化，难以满足学生的个性化需求和多样化发展。

传统体育教学中教师主导，学生参与度不高。在传统体育教学中，教师往往扮演着知识的传授者和指导者的角色，而学生则被动接受和执行教师的指令。这种教学模式导致了学生的参与度不高，缺乏主动性和创造性，容易产生学习倦怠和抵触情绪。同时，由于教师主导的教学方式限制了学生的自主发展和思维能力，导致教学效果不佳。

传统体育教学往往忽视了个体差异，教学效果一般。在传统体育教学中，教师往往采取一刀切的教学方式，忽视了学生个体差异和特点。例如，对于不同水平和能力的学生，教师往往采取相同的教学方法和内容，导致部分学生学习困难，难以达到预期的教学效果。此外，传统体育教学往往注重理论知识和技术动作的传授，忽视了学生的兴趣和体验，导致学生对体育教学缺乏热情和动力，影响了教学效果和学生的学习积极性。

二、体育教学方法拓展与优化的重要意义

体育教学方法的拓展与优化具有重要的意义，主要体现在提升教学质量、增强教学实效、培养学生自主学习能力以及激发学生学习兴趣和潜能等方面。

第一，拓展和优化体育教学方法，可以提升教学质量，增强教学实效。传统的教学方法往往局限于教师主导的单一教学模式，难以满足学生个性化需求和多样化发展。而采用多元化、灵活性强的教学方法，如互动教学、游戏化教学、项目化教学等，可以更好地激发学生的学习兴趣和积极性，提高教学的吸引力和效果，从而提升教学质量，增强教学实效。

第二，拓展和优化体育教学方法有助于培养学生的自主学习能力。传统的教学方法往往偏重于教师的灌输和指导，学生的学习主体地位较低，缺乏主动性和创造性。而采用学生主导、自主探究的教学方法，则可以更好地激发学生的学习兴趣和动力，培养其自主思考和解决问题的能力，提高其学习的自主性和主动性，从而更好地适应未来学习和工作的需要。

第三，拓展和优化体育教学方法能够激发学生的学习兴趣和潜能。传统的教学方法往往注重知识传授和技能训练，忽视了学生的情感体验和兴趣培养。而采用富有趣味性和挑战性的教学方法，如游戏化教学、项目化教学等，则可以更好地激发学生的好奇心和求知欲，激发其学习的内在动机和潜能，提高其学习的积极性和效果。

三、创新性体育教学方法的拓展

（一）任务驱动式教学法

内容驱动式教学法是一种以学生为中心、以学习内容为核心，通过激发学

生的学习兴趣和主动性，促进其自主学习和全面发展的教学方法。它强调了学习内容的重要性，以内容为导向，以学习者的需求和兴趣为出发点，通过设计丰富多样的学习任务和情境，激发学生的好奇心和求知欲，促进其积极参与和深度学习。在体育教学中，内容驱动式教学法的实施能够更好地满足学生的学习需求，提高其学习的效果和兴趣。

内容驱动式教学法的理论基础主要包括建构主义学习理论和认知学习理论。建构主义认为学习是一种主动的、个体内在的建构过程，学习者通过积极参与、实践探索和社会交往，不断地构建和重构知识结构。而认知学习理论则强调学习者的思维过程和认知活动，在解决问题和应对挑战的过程中，学生通过思考、推理和记忆等认知活动，不断地建构和调整自己的知识体系。内容驱动式教学法通过设计丰富多样的学习内容和任务，引导学生积极参与和思考，促进其认知结构的建构和知识的理解与应用。

内容驱动式教学法在体育教学中的实施具体体现在以下几个方面。首先，教师应根据学生的兴趣和需求，设计丰富多样的体育学习内容，包括各种体育项目的技术要领、规则和战术策略等。其次，教师可以通过情境化教学的方式，将学习内容置于具体的场景和情境中，激发学生的情感投入和参与度。例如，在教学篮球运动时，可以设计模拟比赛的情境，让学生在实际场景中学习和实践。再次，教师应注重学生的自主学习和探究性学习，鼓励学生通过自主思考和合作探究，深入理解和应用所学内容。例如，可以组织学生自主设计并实施一项体育项目，从中学习并体验团队合作和领导能力。最后，教师应注重学生的反思和评价，及时对学生的学习情况进行反馈和指导，促进其学习的持续改进和提高。

内容驱动式教学法在体育教学中的实施能够更好地满足学生的学习需求，促进其自主学习和全面发展。教师应根据学生的特点和教学目标，设计科学合理的教学内容和任务，激发学生的学习兴趣和积极性，提高其学习的效果和兴趣。同时，教师应注重教学过程的引导和评价，促进学生的反思和自我调整，不断提升其学习能力和综合素质。

（二）探究式教学法

探究式教学法是一种以学生为主体，以问题为导向，通过学生自主探究和发现，促进知识的建构和理解的教学方法。在探究式教学中，教师不再是知识的传授者，而是学习的引导者和组织者，通过设计问题情境和引导学生思考，激发学生的好奇心和求知欲，促使其积极探索、发现和建构知识。在体育教学中，探究式教学法能够激发学生的学习兴趣和主动性，培养其探究和解决问题的能力，提高其学习效果和素质水平。

探究式教学法的核心理念是以问题为导向。教师通过设计具有挑战性和启发性的问题，引导学生深入思考和探索，激发其学习兴趣和求知欲。在体育教学中，可以设计各种具体的问题情境，如"如何提高投篮命中率？""如何设计一个有效的训练计划？"等，引导学生通过实践探究和合作交流，发现问题的本质和解决问题的方法，促进其知识的建构和理解。

在探究式教学中，学生不再是被动接受知识，而是主动参与和探索，通过实践操作和合作学习，积极构建和调整自己的知识结构。在体育教学中，可以通过设计开放性的学习任务和情境，鼓励学生自主思考和实践探索，培养其独立思考和问题解决能力。例如，可以组织学生分组进行实践探究，探讨不同的体育技能和战术策略，从中发现规律和改进方法。学生通过合作探究和交流，共同解决问题，促进彼此的学习和进步。在体育教学中，可以设计合作性的学习任务和项目，鼓励学生团队合作和交流合作，提高其学习效果和社交能力。例如，可以组织学生分组进行体育项目的设计和实践，通过合作交流，共同完善和改进设计方案，提高学生的团队合作和协作能力。在探究式教学中，学生不仅要探究问题、解决问题，还要反思和评价自己的学习过程和成果，及时调整和改进学习策略和方法。在体育教学中，教师可以通过提供及时的反馈和评价，指导学生对自己的学习过程进行反思和评价，促进其学习的持续改进和提高。

（三）情景模拟教学法

情景模拟教学法是一种以真实或虚拟情境为基础，模拟特定场景或情景，通过学生的参与和互动，促进知识的获取和应用的教学方法。在情景模拟教学中，教师通过构建各种真实或虚拟的情境，让学生在模拟的情景中进行角色扮演、实践操作和问题解决，从而达到学习目标和培养能力的目的。在体育教学中，情景模拟教学法可以帮助学生更好地理解和应用体育知识，提高其综合运用和实践能力。

教师通过设计各种真实或虚拟的情境，模拟特定的体育场景或情景，让学生置身其中，体验和感受真实的体育运动环境，从而激发其学习兴趣和积极性。在体育教学中，可以通过模拟比赛、训练、战术演练等情境，让学生在模拟的环境中学习和实践，促进其知识的获取和应用。在情景模拟教学中，学生积极参与和互动，通过角色扮演和实践操作，体验和感受情境中的角色和任务，从而促进其学习和成长。在体育教学中，可以设计各种角色扮演的情境，如运动员、教练、裁判等，让学生在模拟的情境中扮演不同的角色，体验和理解体育运动的多样性和复杂性。学生通过实践操作和问题解决，积极探索和应用所学知识，从而提高其综合运用和实践能力。在体育教学中，可以设计各种实践性的情境任务，如解决比赛中的战术问题、应对训练中的挑战等，让学生在模拟的情境中实践和应用，促进其知识的深入理解和实际运用。

在情景模拟教学中，学生不仅要参与情景模拟和实践操作，还要及时反思和评价自己的学习过程和成果，促进其学习的持续改进和提高。在体育教学中，教师可以通过提供及时的反馈和评价，指导学生对自己的学习过程进行反思和评价，引导其从中总结经验和提出改进意见，促进其学习能力和综合素质的提高。

（四）混合式教学法

混合式教学法，又称为混合式学习或混合式教学模式，是指将传统面对面教学与在线教学相结合，通过融合不同的教学方法和资源，提供更灵活、个性化的学习体验。这种教学模式结合了传统教学的优势与在线学习的便利，为学生提供了更多样化的学习机会和更广泛的学习资源。在高校体育教学中，混合式教学法的实施可以极大地丰富教学手段，提升教学质量，促进学生的综合发展。

混合式教学法的理论基础主要包括建构主义学习理论、认知学习理论和技术整合理论。建构主义学习理论认为学习是一种积极的、个体内在的建构过程，学生通过积极参与、实践探索和社会交往，不断地构建和重构知识结构。而认知学习理论强调学习者的思维过程和认知活动，在解决问题和应对挑战的过程中，学生通过思考、推理和记忆等认知活动，不断地建构和调整自己的知识体系。技术整合理论则指出，利用技术工具和资源能够促进学习者的交互与合作，提高学习的效率和效果。混合式教学法将这些理论综合运用，通过结合传统教学和在线学习，为学生提供更丰富多样的学习体验和更个性化的学习路径。

混合式教学法在高校体育教学中的实施需要在课前、课中和课后三个阶段进行合理安排和有效实施。

在课前阶段，教师需要做好以下几个方面的准备工作：①教师应当根据教学大纲和课程目标设计混合式教学的课程内容和学习任务，合理安排课程进度和教学时间。②教师应当提前准备好在线学习所需的教学资源，包括视频、文档、互动课件等，确保学生可以在需要时方便地获取。③教师需要确保课堂和在线学习所需的技术设备正常运转，包括投影仪、电脑、网络连接等，以防止教学过程中出现技术故障影响教学效果。④教师可以提前向学生布置一些预习任务，包括阅读相关文献、观看教学视频、完成在线测试等，以激发学生的学习兴趣和积极性。

在课中阶段，教师需要采用多种教学方法和策略，灵活组织教学活动，引导学生积极参与和互动：教师可以利用课堂时间进行面对面的讲授、讨论和实践操作，引导学生理解和掌握体育知识和技能。可以利用在线学习平台进行教学视频播放、在线讨论、网上作业布置等活动，拓展学生的学习空间和时间。组织学生进行小组合作，共同解决问题、讨论思考，促进学生之间的交流和合作。安排学生进行实践操作，如体育技能训练、实验实践等，加深学生对体育知识和技能的理解和掌握。

在课后阶段，教师需要进行学习效果的评估和反馈，并为下一阶段的学习做好准备。通过作业、测验、项目报告等方式对学生的学习成果进行评价，及时发现学生存在的问题和困难。针对学生的学习情况给予及时的反馈和指导，鼓励学生进一步完善和提高学习效果。引导学生对本节课程的学习过程进行总结与反思，帮助学生深入理解和消化所学内容。布置下一阶段学习任务和预习任务，为学生的进一步学习做好准备。

通过以上课前、课中和课后的合理安排和有效实施，混合式教学法在高校体育教学中可以充分发挥传统教学和在线学习的优势，提高教学效果和学生学习体验。

四、体育教学方法的信息技术应用

（一）多媒体辅助教学

多媒体技术是一种利用计算机技术综合处理图像、文字、声音、视频等多种网络信息的技术，通过建立多媒体信息之间的关系，形成一种新型的、具有交互性的计算机系统。在教育领域中，多媒体技术强调了计算机处理技术和人机交互技术的应用，已经取得了广泛的应用和较为成熟的发展。与传统的教学相比，利用多媒体技术和网络平台展开教学能够突破时空的限制，提高教学的质量。通过最容易被学生接受的方式展示教学内容，增加了教学的趣味性和互动性，从而促进了学生的主动参与和学习兴趣。

在高校体育教学中，学生的体育参与度和兴趣相对较低是一个普遍存在的问题。由于学生普遍认为体育在日常学习生活中不够重要，导致了体育课程的积极性下降，进而影响了学生的体能素养。在这种情况下，利用多媒体技术进行计算机辅助教学（CAI）、计算机化教学（CBI）和计算机辅助学习（CAL）等形式的体育教学，成为改善现状的重要途径。这些教学形式不仅能够提供与学习相关的内容信息，如检索相关知识的方法等，还能够加速学生对所学知识的消化和理解，为课堂学生互动留有更多的时间。

体育教学与普通文化课程相比，更加注重学生的实践操作和团队协作。借助多媒体技术，教师可以将体育理论知识生动形象地呈现给学生，同时通过模拟真实场景进行情景模拟，让学生在互动中体验和学习团队协作的重要性。与此同时，多媒体技术还可以提供丰富多彩的教学资源，如视频、动画、图像等，增强学生对体育知识的理解和记忆，从而优化教学效果。

高校多媒体教学可以从以下几个方面入手：

1. 合理应用多媒体，激发学生的学习兴趣与热情

合理应用多媒体技术在高校体育教学中是非常重要的，它可以激发学生的学习兴趣与热情，调动他们的学习动机，从而提升他们的学习效果和整体水平。在体育教学中，合理利用多媒体技术，可以使教学内容更加生动、形象，让学生更加专注、主动地参与到教学过程中。

举例来说，在健美操的教学中，体育教师可以通过多媒体设备展示健美操的理论知识，例如动作要领、训练方法等，可以使用课件、动画、视频等形式

将这些知识形象地呈现给学生。通过多媒体技术，教师可以将抽象的理论知识变得更加具体、直观，让学生更容易理解和掌握。同时，可以适度加入一些声音效果和背景音乐，营造出愉悦的学习氛围，激发学生的学习兴趣。在教学过程中，教师还可以利用多媒体技术录制和播放教学视频。通过录制教学过程并进行分解分析，学生可以更清晰地了解动作的要领和技巧，及时发现自己的不足之处，并进行改进。这种形式不仅能够加深学生对知识的理解，还能够提高他们的学习效率和学习质量。

2. 利用多媒体细化展现体育动作，提升学生的体育技能

利用多媒体技术细化展现体育动作，在提升学生体育技能方面具有重要作用。以投掷教学为例，通过多媒体设备将学生练习投掷的全过程录制成影像，并输入电脑进行分析，可以为学生提供更加直观、详细的反馈信息，从而帮助他们更好地理解和掌握投掷动作的关键要素。在投掷教学中，多媒体技术可以用来展示学生身体各部位在投掷过程中的变化情况，包括身体姿势、动作流畅度、力量传递等方面。通过录制视频并输入电脑进行分析，可以快速、准确地获取学生的投掷数据，例如关节位移、速度、加速度等各种参数。这些数据可以帮助教师和学生全面地了解投掷动作的优点和不足之处，有助于针对性地进行改进和提高。

通过多媒体技术细化展现体育动作，学生可以直观地看到自己的投掷动作，了解自己在投掷过程中存在的问题和不足。同时，教师也可以利用这些数据为学生提供针对性的指导和建议，帮助他们改进动作、提升技能水平。这种个性化的教学方法能够更好地满足学生的学习需求，激发他们的学习兴趣和积极性，从而取得更好的教学效果。

3. 提高教师信息素养，构建以互动为主的体育课堂

提高教师的信息素养，构建以互动为主的体育课堂是提升体育教学效果的重要途径。体育教师在教学中需要不断学习和提升自己的信息化水平，以适应现代教学的要求。在构建以互动为主的体育课堂时，首先教师需要通过学习和培训，提高自己的信息素养。信息技术在现代教育中发挥着越来越重要的作用，教师需要掌握基本的计算机操作技能，熟练运用多媒体教学软件和网络资源，以便更好地进行教学活动。其次，教师应该注重课堂互动，激发学生的学习兴

趣。体育课堂应该是学生积极参与、互动频繁的环境，而不是单向传授知识的场所。教师可以通过多媒体技术提供丰富多彩的教学内容，引发学生的好奇心和求知欲，鼓励他们踊跃发言、讨论问题，从而促进课堂氛围的活跃。此外，教师还应该根据学生的实际情况和兴趣特点，设计富有创意和趣味性的教学活动。利用多媒体技术，可以丰富教学内容，增加教学活动的多样性，使学生在参与体育活动的同时，能够获得乐趣和成就感，从而更加积极地投入到学习中去。最后，教师还应该注重课堂反馈和评估，及时发现学生的学习问题，帮助他们解决困难，提高学习效果。通过多媒体技术，可以实现对学生学习情况的实时监测和跟踪，为教师提供科学的教学依据，帮助他们更好地调整教学策略，促进学生的全面发展。

（二）虚拟现实技术应用

1.虚拟现实技术的概念

虚拟现实技术是一种利用计算机和传感器建立的虚拟环境，其特点包括交互性、沉浸式和趣味性。通过虚拟现实技术，用户可以在虚拟环境中进行互动，并且产生身临其境的感觉。这种技术能够将用户带入一个虚拟的三维环境中，让他们与虚拟世界进行互动和体验。在教育领域，虚拟现实技术为教学提供了全新的可能性。与传统的教学方式相比，虚拟现实技术更加生动、直观，能够激发学生的学习兴趣，增强他们的学习体验。在高校体育训练中，虚拟现实技术可以被用来建立新的训练模式，为学生提供更加丰富和实际的体育体验。

虚拟现实技术在高校体育教学中的应用还处于起步阶段，但已经取得了一定的进展。通过虚拟现实技术，体育教师可以创建逼真的体育场景，让学生在虚拟环境中进行体育训练和比赛。这不仅可以增加学生的参与度和积极性，还可以提供更加安全和可控的训练环境。虚拟现实技术的应用还可以丰富体育教学内容，提供更加生动和直观的教学资源。通过虚拟现实技术，学生可以观察和体验各种体育动作和技能，加深对体育知识的理解和掌握。同时，虚拟现实技术还可以模拟各种体育比赛场景，让学生在虚拟环境中进行实战演练，提高他们的应对能力和竞技水平。

2. 虚拟现实技术的特征

（1）趣味性强

通过虚拟现实技术构建的虚拟环境可以让用户体验到全新的视觉和感官刺激，从而产生浓厚的兴趣和好奇心。用户与虚拟环境中的角色、场景进行互动，可以获得奇妙的体验，这种交互方式能够激发用户的兴趣，增加学习的乐趣和动力。

（2）逼真的环境模拟能力

通过计算机程序，虚拟现实技术能够模拟出非常逼真的三维场景，包括声音、形体、光照等各个方面，甚至还可以模拟出风、雨、触感、气味等因素，使得用户感受到身临其境的体验。这种逼真的环境模拟能力使得虚拟现实技术在模拟培训、仿真实验等方面具有广泛的应用价值。

（3）操作简单

用户只需按照实际需求输入指令，通过简单的操作就可以创建和调整虚拟环境。虚拟现实技术的易操作性降低了技术应用门槛，使得更多的人能够轻松地使用这项技术，并将其应用到实际工作和学习中去。

3. 虚拟现实技术在高校体育教学中的应用优势

通过利用虚拟现实技术开展课堂演示、情景仿真和虚拟交互等教学活动，学生不再仅仅跟随真人教师学习，而是与虚拟世界中的教学内容进行互动和交流。这种全新的教学模式能够激发学生更强烈的学习愿望，使他们更加自觉地投入学习。在虚拟现实环境中，学生可以更加生动地参与到体育训练中，跟随虚拟教师的动作演示和教学，从中获得更直观、更具体的体育知识和技能。虚拟现实技术的应用也可以将学生对体育运动的兴趣转化为自己的兴趣爱好，并帮助他们提升自身的运动素养。通过参与虚拟现实环境中的体育训练模式，学生可以更加深入地了解和体验各种体育运动，从而培养出对运动的热爱和持续的学习动力。

在高校体育教学中，充分调动学生的学习积极性是提高教学效果的关键。科学利用虚拟现实技术，不仅可以激发学生的学习兴趣，还能提高教学的效率和质量。传统的体育教学模式中，教师通常只能简单地进行运动技术的讲解和示范，难以做到个性化的指导，从而影响了学生的运动素质提高。而在利用虚拟现实技术开展体育教学时，可以实现更高效的教学模式。通过将学生分成不同的学习小组，并编写多个"虚拟教师"，教师可以对每个小组的学生进行针对性的教学训练。这种个性化的教学模式使得每个学生都能够得到专属的体育指导，获得良好的运动体验感。相较于传统的单一教学方式，这种教学模式的升级不仅节省了人力成本，也提高了教学的针对性和有效性，明显提升了教学水平。虚拟现实技术在体育教学中的广泛应用得益于其丰富的教学内容和创新的教学模式。通过模拟的教学场景，学生可以更加具体、生动地感受到体育课堂的乐趣，从而培养了他们对运动的兴趣。虚拟现实技术不仅可以呈现抽象的动作要领，还可以实时拍摄和录制学生运动的全过程，并通过智能算法检查和纠正学生的动作，提供科学的评估和反馈。同时，教师也能够实时监控学生的训练状况，及时调整教学内容和训练计划，从而更好地促进学生的运动素质提高。

虚拟现实技术的广泛应用为体育教学带来了全新的可能性，使得传统的体育教学不再受制于环境、气候和时间等条件的限制。通过虚拟现实技术，教师可以将真实的运动场景还原到虚拟环境中，让学习者仿佛置身于真实的体育场地中，完全沉浸在运动环境中。学习者在虚拟现实环境中可以进行各种体育技能和战术的学习和实践，不受外界干扰，也不受地理位置和时间的限制。他们可以通过模拟的方式学习体育动作的正确姿势和技巧，逐步掌握运动技能，并在模拟的比赛场景中进行实战演练，提高应对复杂情况的能力。尤其对于一些存在特定风险的体育项目，如拳击、跆拳道等，虚拟现实技术的应用可以避免学生在真实对抗中受到的伤害。学生可以在虚拟环境中进行对抗训练，模拟各种场景下的实战情况，提升自身的技战术水平，同时降低了受伤的风险。

4. 虚拟现实技术应用于高校体育教学训练的途径

（1）通过虚拟现实技术制作课件

通过虚拟现实技术制作课件是体育教学中的一种创新做法，可以有效提升教学效果和学生的学习体验。在制作教学课件时，体育教师可以充分利用虚拟现实技术，将传统的 PPT 课件升级为更加生动和交互性强的虚拟现实课件。

通过虚拟现实技术，教师可以将真实的体育场地、器材和运动动作等元素完整呈现在学生面前，让他们仿佛置身于真实的体育训练场景中。学生可以通过多个视角观察教师的动作示范，并结合虚拟环境进行自主学习和实践，从而加深对体育运动的认知和掌握程度。教师可以将网上选课、体育教师信息、体育运动知识、竞赛情况以及体育新闻等多方面信息整合到一个统一的虚拟平台

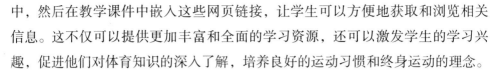

中，然后在教学课件中嵌入这些网页链接，让学生可以方便地获取和浏览相关信息。这不仅可以提供更加丰富和全面的学习资源，还可以激发学生的学习兴趣，促进他们对体育知识的深入了解，培养良好的运动习惯和终身运动的理念。

（2）通过虚拟现实技术展开技能训练

通过虚拟现实技术展开技能训练是一种高效、生动的教学方式，可以为学生提供沉浸式、互动式的学习体验，进而促进其技能的全面提升。

利用虚拟现实技术进行技能训练可以为学生打造一个真实的模拟环境。学生可以在虚拟环境中全身心地融入运动项目的练习中，通过多次实践和模拟比赛氛围，不断提高技能水平。例如，在健美操课堂上，学生可以通过虚拟现实技术观看并模仿专业教练的动作示范，从而更加深入地学习健美操动作的要领。

虚拟现实技术还可以帮助学生根据个人特点进行个性化的训练。通过虚拟环境的智能反馈和调整，学生可以针对自身问题进行深入思考和练习，实现个性化的技能提升。例如，在乒乓球课堂上，学生可以根据虚拟现实技术提供的反馈信息，调整自己的击球力度和角度，从而更好地掌握击球技巧。

虚拟现实技术还可以为学生提供更加丰富多样的学习资源和情景模拟。通过模拟比赛场景和与虚拟教练的互动，学生可以更加直观地理解比赛战术和技术要领，从而提高竞技水平。例如，在足球课堂上，学生可以通过虚拟比赛模拟不同战术的应用和比赛情景的处理，加深对足球比赛的理解和应变能力。

（3）通过虚拟现实技术开展远程教学

通过虚拟现实技术开展远程体育教学是一种具有前景的教育方式，它将体育教学从传统的面对面教学模式转变为线上远程教学模式，克服了时间和空间的限制，为学生提供了更加灵活、便捷的学习方式。

学生无须到达特定的教室或场地，只需通过互联网连接到虚拟现实平台，就可以参与到远程体育教学中。这种教学方式不受地理位置的限制，可以让更多地区的学生接受优质的体育教育资源，促进教育公平。通过虚拟现实设备，学生可以身临其境地感受到仿真的运动场景，与虚拟教练进行互动交流，仿佛置身于实际的体育训练场地中。这种沉浸式的学习体验可以增强学生的学习兴趣和参与度，提高教学效果。教师可以通过虚拟现实平台制作丰富多彩的教学资源，包括视频、模拟实验、互动游戏等，为学生提供更加生动、直观的学习体验。同时，教师可以根据学生的学习进度和反馈信息进行个性化的教学指导，帮助学生更好地理解和掌握体育知识和技能。在虚拟现实环境中，教师可以与学生进行实时的互动和讨论，解答学生的问题，引导学生思考，促进学生之间的合作与交流。这种师生互动的教学模式可以增强学生的学习效果，培养学生的学习能力和团队合作精神。

（4）通过虚拟现实技术开展学术交流

通过虚拟现实技术开展学术交流为体育教师提供了更加生动、直观的交流方式，有助于深入探讨学术问题、分享研究成果，并促进学术界的交流与合作。

传统的学术会议或研讨会需要学者们亲临现场，而通过虚拟现实技术，学者们可以通过网络平台参与到远程会议中，不受地域和时间的限制。他们可以在虚拟现实环境中与他人进行实时的交流和讨论，分享自己的研究成果，获取他人的反馈和建议，从而促进学术思想的碰撞和交流。学者们可以利用虚拟现实平台展示自己的研究成果，通过三维图像、动画、模拟实验等形式，生动地展示自己的研究内容和研究方法，使观众能够更直观地理解和接受。同时，虚拟现实技术还可以为学者们提供交互式的学术展示方式，观众可以通过虚拟现实设备与展示内容进行互动，提出问题、进行讨论，促进学术交流的深入和广泛。通过虚拟现实平台，学者们可以模拟实验环境，展示研究过程和实验结果，让观众身临其境地感受到研究的过程和成果。他们还可以利用虚拟现实技术创建虚拟会议室或虚拟实验室，进行虚拟实验和虚拟演示，使学术交流更加生动、有趣。这种创新性的学术交流方式不仅可以提升学术交流的效率和效果，还可以吸引更多的学者参与到学术交流中，推动学术界的发展和进步。

第四章　高校体育教学拓展的项目设计

第一节　高校体育教学项目设计的原则

一、符合高校体育课程目标和培养要求

高校体育教学项目设计是一项需要综合考虑诸多因素的复杂任务，其设计原则旨在确保体育课程能够有效地达到教学目标，满足学生全面发展的需求。在设计高校体育教学项目时，首先需要考虑的是是否符合高校体育课程的总体目标。高校体育课程的总体目标通常包括提高学生的身体素质、培养他们的运动技能、促进身心健康发展以及培养他们的团队精神和合作能力等方面。因此，任何体育教学项目设计都应该围绕这些目标展开。

在设计体育教学项目时，首先要确保其能够遵循高校体育课程的总体目标。这意味着教学项目的内容、方法和评价方式都应该与这些目标相一致。例如，在设计课程内容时，可以结合体育科学理论和实践经验，选择适合学生发展的运动项目，并通过系统的训练方法来提高他们的运动技能水平。同时，还应该注重培养学生的运动兴趣和意识，使他们能够在课后自主参与体育活动，从而形成长期的运动习惯。

除了符合高校体育课程的总体目标外，体育教学项目设计还应该服务于人才培养方案的需求。高校体育课程不仅仅是为了提高学生的身体素质，更重要的是要培养他们的综合能力和创新精神。因此，在设计体育教学项目时，需要考虑到学生未来的职业发展方向和需求，为他们提供与之相适应的体育教育内容和培养环境。例如，对于体育专业的学生，可以设置专业课程和实践项目，帮助他们掌握专业技能和知识，为将来从事体育教育、科研或管理工作做好准备。

此外，体育教学项目设计还应该体现高校体育课程的核心理念。高校体育课程的核心理念包括全面发展、个性化培养、生涯规划和社会责任等方面。因此，在设计体育教学项目时，需要注重培养学生的全面素质，促进其身心健康发展，同时还要关注个性化培养，尊重学生的兴趣和特长，为他们提供个性化的学习和发展空间。此外，还要引导学生进行生涯规划，帮助他们认清自己的职业发展方向和目标，为未来的发展做好准备。同时，还要强调社会责任，培养学生的公民意识和社会责任感，使他们成为具有社会责任感和使命感的合格公民。

二、关注学生的全面发展

关注学生的全面发展在高校体育教学项目设计中占据着至关重要的位置。这一原则的核心在于通过体育教育，不仅仅培养学生的身体素质和运动技能，更要关注他们的心理健康、社会适应能力以及人文素养和创新意识的培养。

身体素质和运动技能的培养是体育教学项目设计的基础和重点。首先，学校应该通过科学合理的训练计划，帮助学生全面发展身体素质，包括力量、速度、耐力、柔韧性等方面。这种全面的身体素质培养不仅有助于学生在体育比赛中取得优异成绩，更能够提升他们的生活质量和健康水平。体育教学项目应该注重培养学生的运动技能。通过系统的训练和指导，学生可以掌握各种运动项目的基本技能和战术策略，提高其运动水平和比赛能力。此外，还可以通过体育课程培养学生的团队合作精神和领导能力，使其在团体比赛中发挥出更大的作用，实现个人和团队的双重成功。

除了身体素质和运动技能，体育教学项目还应该注重培养学生的心理健康和社会适应能力。体育活动不仅可以锻炼身体，更可以促进心理健康，缓解学生的压力和焦虑，提高其心理素质。在体育课程中，学生可以通过运动释放压力、调节情绪，培养自信心和坚韧性格，从而更好地适应学习和生活的压力。体育教学项目还可以培养学生的社会适应能力和团队合作精神。在体育活动中，学生需要与他人合作、沟通和协调，共同完成各种任务和挑战。这种团队合作精神不仅有助于学生在团体比赛中取得成功，更能够培养他们的社会适应能力和人际交往能力，使他们更好地融入社会并与他人和谐相处。

除了身体素质、运动技能、心理健康和社会适应能力外，体育教学项目还应该注重培养学生的人文素养和创新意识。体育活动是一种文化传承和人文素养的体现，通过体育课程，学生可以了解不同国家和民族的体育文化，增强对文化多样性的认识和理解。同时，体育活动也可以激发学生的创新意识，培养其解决问题和创新思维能力，使其成为具有创造力和创新精神的人才。

三、体现体育运动项目的特点

体育运动项目具有各自独特的特点，体育教学项目设计应该充分体现这些特点，以实现最佳的教学效果。

每种体育运动项目都有其独特的技术和战术特征，因此，在体育教学项目设计中，需要根据不同项目的特点来设计相应的教学内容和训练方法。例如，足球是一种注重团队合作和战术配合的运动项目，教学内容应该注重团队战术训练和个人技术细节的训练；而游泳则更加注重个人技术和技术细节的训练，教学内容应该围绕着不同泳姿的技术要领和训练方法展开。因此，体育教学项目设计应该根据不同项目的技战术特征，合理安排教学内容和训练计划，以提高学生的运动技能水平。

每种体育运动项目都有其特定的运动训练规律，即运动员在进行该项目训练时所遵循的一系列科学规律。例如，短跑项目的训练注重爆发力和速度的提高，需要进行高强度、短时间的训练；而马拉松项目的训练则注重耐力和持久力的培养，需要进行长时间、低强度的训练。因此，在体育教学项目设计中，需要根据不同项目的运动训练规律，合理安排训练内容和训练强度，以提高学生的训练效果和竞技水平。

体育运动项目不仅仅是一种体育活动，更是一种文化传承和价值观传递的载体。每种体育运动项目都蕴含着丰富的文化内涵和价值观，体育教学项目设计应该充分融入这些文化内涵和价值观，以培养学生的文化素养和道德品质。例如，武术项目融合了中国传统文化中的思想道德和武术精神，体育教学项目设计应该注重培养学生的道德品质和文化素养；而篮球项目强调团队合作和公平竞争，体育教学项目设计应该注重培养学生的团队精神和竞技精神。

四、体现教学内容的系统性

体育教学内容的系统性是指在设计教学内容时，要将技能、理论和文化等内容有机整合，同时要确保线上线下教学环节有效衔接，以及课内外锻炼与体验活动良性互动。

体育教学内容应该是技能、理论和文化等内容的有机整合。这意味着教学内容不仅要包括基本的运动技能训练，还要融入相关的理论知识和文化内涵。例如，在教学篮球时，除了教授传球、运球等基本技能外，还应该介绍篮球的历史、规则、战术等理论知识，以及篮球文化的传统和精神内涵。这样一来，学生不仅能够掌握实际的运动技能，还能够理解运动背后的原理和文化意义，从而更加全面地认识和理解体育运动。

体育教学项目设计应该确保线上线下教学环节之间的有效衔接。在当今数字化时代，线上教学已经成为不可或缺的教学方式之一，但是线上教学与线下实践相结合，才能达到最佳的教学效果。因此，在体育教学项目设计中，应该合理安排线上线下教学环节，确保二者之间的有效衔接。例如，通过线上课堂教授理论知识和技能讲解，然后通过线下实践课程进行实际操作和训练，以巩固学生的学习成果和提高其运动水平。

体育教学项目设计应该促进课内外锻炼与体验活动的良性互动。课内教学是学生获取知识和技能的重要途径，而课外锻炼和体验活动则是学生巩固和应用所学知识和技能的重要方式。因此，在体育教学项目设计中，应该合理安排课内外教学活动，鼓励学生积极参与体育锻炼和体验活动，并将课内所学内容与课外锻炼和体验活动相结合，以实现教学目标的最佳效果。例如，通过课内讲解和示范，激发学生对某项运动的兴趣和热情，然后通过课外实践和体验活动，让学生亲身参与并加深对该运动的理解和体验。

五、注重教学方法的创新性

注重教学方法的创新性是体育教学项目设计的重要组成部分，它能够激发学生的学习兴趣，提高教学效果。

引入先进的教学理念和模式以及充分利用现代信息技术手段是提高体育教学效果的重要途径。这两者相辅相成，可以有效地激发学生的学习兴趣，提高他们的学习积极性和学习效果。个性化教学模式是一种重要的教学理念，它充分考虑到学生个体差异，根据不同学生的特点和需求，采用差异化的教学策略，以满足每个学生的学习需求。在体育教学中，个性化教学可以体现在教学内容的设计和教学方法的选择上。例如，对于体育水平较高的学生，可以设置更高难度的训练项目，挑战他们的运动能力；对于体育水平较低的学生，则可以采用更简单易学的训练方法，帮助他们逐步提高运动水平。通过个性化教学，可以更好地激发学生的学习兴趣和积极性，提高他们的学习效果。合作学习模式是一种促进学生合作、交流和共同学习的教学模式。在体育教学中，合作学习可以通过小组合作、讨论和共同解决问题等方式来实现。例如，将学生分成小组，让他们共同制定训练计划、设计比赛策略，或者共同解决体育运动中遇到的问题。通过合作学习，可以培养学生的团队合作精神和创新能力，提高他们的团队协作能力和竞技水平。充分利用现代信息技术手段也是提高体育教学效果的有效途径。通过利用多媒体技术和网络资源，可以丰富教学内容，提供更直观、生动的学习资源，增强学生的学习体验。例如，通过播放教学视频、展示运动技能示范，可以使学生更直观地理解和掌握运动技能要领。另外，利用虚拟现实技术和智能穿戴设备，可以模拟实际运动场景，让学生在虚拟环境中进行体育运动训练，提高他们的运动技能水平。现代信息技术为体育教学提供了丰富的教学资源和教学手段，体育教学项目设计应该充分利用这些技术手段，提高教学效果。例如，利用多媒体技术和网络资源，丰富教学内容，增强学生的学习体验；利用虚拟现实技术和智能穿戴设备，模拟实际运动场景，提高学生的运动技能水平。通过充分利用现代信息技术手段，可以使体育教学更加生动、直观，激发学生的学习兴趣，提高他们的学习效果。

体育教学项目设计应该注重激发学生的主动性和探究欲望。传统的教学模式往往是教师为主导的，学生被动接受知识，这样的教学模式难以激发学生的学习兴趣和学习动力。因此，体育教学项目设计应该注重培养学生的自主学习能力和探究精神，鼓励他们积极参与课堂讨论、自主学习和实践活动。例如，可以采用问题解决、案例分析、探究式学习等教学方法，激发学生的思维和探究欲望，培养其解决问题和创新思维能力。

六、具有可操作性和可持续性

确保体育教学项目具有可操作性和可持续性是为了确保项目的有效实施和长期发展。

（一）教学目标设置科学合理

科学合理地设置教学目标是体育教学项目设计的重要组成部分。教学目标应该明确、具体、可测量，并与学生的实际需求和教育要求相一致。首先，教学目标应该与体育课程的总体目标相一致，包括提高学生的身体素质、培养他们的运动技能、促进身心健康发展以及培养他们的团队精神和合作能力等方面。其次，教学目标应该根据学生的不同特点和水平进行个性化设置，满足每个学生的学习需求。例如，对于体育专业的学生，教学目标可以包括提高其专业技能和知识水平，为将来从事体育教育、科研或管理工作做好准备；对于非体育专业的学生，教学目标可以包括提高其身体素质和运动技能水平，促进其身心健康发展。

（二）教学内容和进度安排适当

适当安排教学内容和进度是体育教学项目设计的关键。教学内容应该丰富多样，涵盖体育运动的各个方面，包括技能训练、理论知识、战术训练、体育文化等内容。教学内容应该根据教学目标和学生的实际需求进行科学合理的设计，既要确保内容的全面性和系统性，又要注重内容的实用性和可操作性。例如，在技能训练方面，可以结合学生的兴趣和特长，选择适合他们发展的运动项目，并通过系统的训练方法来提高他们的运动技能水平；在理论知识方面，可以引入先进的教学理念和模式，如个性化教学、合作学习等，以激发学生的学习兴趣和提高他们的学习效果。此外，教学进度的安排应该合理科学，既要考虑到教学内容的难易程度和学生的学习能力，又要考虑到教学时间的分配和教学资源的利用效率，确保教学进度的顺利推进和教学目标的有效实现。

（三）教学资源、师资等条件具备

充足的教学资源是体育教学项目能够正常开展的基础。这些资源包括体育场地设施、运动器材、教学材料等。例如，足球场、篮球场、田径场等体育场地设施是开展体育课程的必备条件；而篮球、足球、网球等运动器材则是进行体育训练的必备设备。此外，还需要教学材料，如教科书、教学视频、教学软件等，以辅助教师进行教学。只有确保教学资源的充足性，才能够保证体育教学项目的顺利进行和教学质量的提高。

专业的师资队伍是体育教学项目能够持续发展的关键因素。教师不仅需要具备扎实的体育专业知识和丰富的教学经验，还需要具备良好的教育教学能力和素质。例如，体育教师需要熟悉各种体育运动的规则和技术要领，了解学生的身体特点和心理需求，能够根据不同学生的实际情况设计个性化的教学方案，并具备良好的沟通能力和团队合作精神。只有拥有专业化的师资队伍，才能够保证体育教学项目的质量和水平。

为了保证师资队伍的专业化和素质的提高，需要建立起持续的教育培训机制。这包括定期组织教师参加体育教育相关的培训和学习活动，如教学研讨会、学术交流会、教学观摩等，以更新教学理念、掌握最新的教学方法和技术，提高教师的教学水平和素质。此外，还需要建立起教师评估和激励机制，激励教师积极参与教育培训活动，提高其教学能力和教学水平。

第二节　不同体育项目的教学拓展设计

一、球类运动项目教学拓展设计

在球类运动教学的拓展设计中，技术、战术、体能训练是至关重要的部分。技术训练可以通过针对不同技术动作的练习来提高学生的技术水平，包括投球、运球、传球等。通过分组练习、个人练习和对抗练习，学生可以逐步提高技术技能，并在实践中理解技术的应用。战术训练则侧重于培养学生的团队合作意识和战术应变能力，包括进攻战术、防守战术、快攻反击等。通过模拟比赛场景，让学生在实践中学习战术的应用和调整，提高比赛的实战能力。同时，体能训练也是不可忽视的一部分，通过耐力、速度、力量等方面的训练，提高学生的身体素质，增强他们在比赛中的持久力和爆发力。

除了技术、战术和体能训练，球类运动教学的拓展设计还应该涵盖裁判理论与职业发展方向。学生不仅应该掌握球类运动比赛的基本规则，还应该了解裁判的判罚标准和职责，培养正确的裁判意识。通过裁判理论的学习，学生可以更好地理解比赛的公平性和规则，提高比赛素质。同时，教育学生关于球类运动裁判的职业发展方向，鼓励有兴趣的学生参与裁判员培训和考试，为他们未来的职业发展提供可能性。

球类运动教学的拓展设计还应该包括球类运动文化及社会价值意义。通过介绍球类运动的历史、发展以及著名球星的故事，可以让学生了解球类运动的深厚文化底蕴，激发他们对球类运动的热爱和兴趣。同时，球类运动作为一项团队合作的体育运动，也具有重要的社会价值意义，可以培养学生的团队精神、领导能力和合作意识，促进学生的身心健康发展，为他们未来的社会生活打下良好的基础。通过综合这些拓展设计，可以丰富球类运动教学内容，提高学生的学习兴趣和参与度，促进他们的全面发展。

二、田径运动项目教学拓展设计

田径运动是一项综合性的体育项目，涵盖了跑、跳、投等多个项目。

（一）跑、跳、投综合训练

跑、跳、投综合训练是田径运动中的核心内容之一，它涵盖了短跑、中跑、长跑、跳高、跳远、三级跳、铁饼、标枪等多个项目的技术训练。这种综合训练旨在通过系统而全面的训练，全面提升学生的技术水平，培养其身体素质和运动能力。

短跑项目的综合训练包括了起跑技术、加速技术、终点技术等方面的训练。学生将学习如何正确地站在起跑线上、如何爆发出强有力的加速度，以及如何在终点线上准确地完成比赛。通过反复的起跑练习、加速跑练习和终点冲刺训练，学生可以提高他们的爆发力、速度和耐力，从而在比赛中取得更好的成绩。

跳高、跳远和三级跳等跳跃项目的综合训练侧重于技术要点的练习。学生将学习如何正确地进行起跳、如何控制身体姿势，以及如何稳稳地着地。通过不断地练习，他们可以提高跳跃的高度和长度，增强对技术的掌握和运用能力。

投掷项目（如铁饼和标枪）的综合训练注重于力量、速度和技术的综合训练。学生将学习如何正确地运用身体力量，如何掌握投掷的技术要领，以及如何在比赛中保持良好的心态。通过力量训练、技术练习和比赛模拟训练，他们可以提高投掷的距离和精度，取得更好的成绩。

综合训练不仅有助于学生掌握田径运动的基本技能，还能够培养其身体素质和运动能力。通过不同项目间的交叉训练，学生可以全面发展自己的身体素质，提高综合运动能力，为未来的比赛和训练做好充分准备。同时，这种全方位的训练也有助于学生发现自己的特长和潜力，激发他们对田径运动的兴趣和热情。

（二）运动员体能训练理论与方法

运动员体能训练理论与方法是田径运动中至关重要的一部分，它对于提高运动员的身体素质和竞技水平起着关键作用。体能训练包括力量训练、耐力训练、速度训练等多个方面，通过系统的训练可以有效地提高运动员的身体素质和运动能力。

学生将学习到体能训练的理论知识。这包括了解不同训练方法的原理和效果，了解不同训练对身体的影响以及训练后的生理变化等。例如，力量训练可以增强肌肉力量和耐力，耐力训练可以提高心肺功能和持久力，速度训练可以提高爆发力和反应速度。通过对体能训练理论的深入理解，学生可以更好地指导自己的训练实践，达到更好的训练效果。学生将学习如何根据个人特点和项目要求设计合理的体能训练计划。这包括了制定训练目标、选择合适的训练方法、确定训练强度和频率等方面。针对不同的运动项目和个人特点，需要采用不同的训练方法和计划。例如，对于短跑选手，需要注重速度和爆发力的训练；对于长跑选手，则需要注重耐力和持久力的训练。通过科学合理地设计体能训练计划，可以最大限度地提高运动员的竞技水平和比赛成绩。通过科学的体能训练，学生将提高自己的身体素质，增强抗压能力，提高比赛成绩。体能训练不仅可以提高运动员的运动能力和技术水平，还可以增强其身体素质和心理素质，使其在比赛中更加从容应对各种挑战。因此，学生需要重视体能训练，认真学习体能训练理论与方法，不断提高自己的训练水平和竞技水平。

（三）田径运动科学原理与仪器应用

田径运动科学原理与仪器应用是田径教学中至关重要的一环，它涉及运动员训练和表现的科学理论与实践应用。在这一部分，学生将学习田径运动的科学原理，包括生理学、生物力学、运动心理学等方面的知识。

学生将深入学习生理学知识，了解人体在运动过程中的生理变化和适应机制。他们将学习关于心血管系统、呼吸系统、肌肉系统等方面的知识，以及这些系统在不同强度和时长的运动中的作用和调节。通过深入理解生理学原理，学生可以更好地制定和调整训练计划，提高运动员的体能水平和竞技表现。学生将学习生物力学的基本原理，包括运动力学和运动学等方面的知识。他们将了解运动员在进行各种田径项目时的运动规律和技术要领，以及如何通过调整姿势和动作来优化运动效果。通过生物力学的分析，学生可以发现运动中存在的问题和不足，并提出相应的改进措施，提高运动员的技术水平和成绩。学生还将学习运动心理学的基本原理，了解运动员在训练和比赛中的心理特点和表现规律。他们将学习如何调节和控制情绪，如何提高自信心和专注力，以及如何应对竞争压力和挑战。通过运动心理学的应用，学生可以帮助运动员克服心理障碍，提高比赛的稳定性和表现水平。

除了学习田径运动的科学原理外，学生还将学习如何运用现代科技手段，如运动生理监测仪器、运动生物力学测试仪器等，对运动员进行科学的评估和训练指导。这些仪器可以用来监测运动员的生理指标、运动技术参数等，帮助教练和运动员更好地了解自己的训练和竞技状态，及时调整训练计划和比赛策略，提高训练的科学性和效果。

（四）田径赛事的组织与管理

在这一部分，学生将学习如何组织和管理田径比赛，包括赛事筹备、赛程安排、裁判组织、安全保障等方面的知识和技能。同时，还将学习如何与赞助商、媒体、社会组织等合作，提高赛事的知名度和影响力。通过参与赛事组织与管理，学生将培养自己的领导能力、团队合作精神和组织协调能力，为未来的职业发展打下坚实的基础。

三、武术及民族传统体育项目教学拓展设计

（一）武术基本功及套路演练

武术基本功及套路演练是学习武术的重要环节，它们构成了武术训练的基础和核心内容。在这一部分，学生将系统地学习武术的基本功和套路演练，为提高武术技术水平打下坚实的基础。

武术基本功包括站桩、站步、站法、打法、拆解动作等多个方面。站桩是一种静态的基本功训练方法，通过保持特定的站姿和呼吸方式，来调整身体的气血流动和内外协调。站步是一种动态的基本功训练方法，主要练习步法的灵活性和稳定性，以及步法与手法的配合。站法是指身体的基本姿势和动作方式，包括站直、屈膝、半蹲等不同的站法。打法是指手部的基本动作和技术，包括

直拳、勾拳、摆拳等不同的打法。拆解动作是将整个武术动作拆解成不同的部分，逐步练习和完善每个部分，然后再组合成完整的动作。通过系统的基本功训练，学生可以提高身体的柔韧性、协调性和力量，为后续的武术技术学习和应用打下坚实的基础。

套路演练是武术技术的集合，包括形意拳、太极拳、八卦掌等不同的套路。套路是武术技术在实战中的综合运用，是武术技术和武术精神的体现。通过反复练习套路，学生可以掌握套路的动作要领、节奏和气势，提高武术技术水平。同时，套路演练还有助于学生培养专注力、耐心性和意志力，锻炼其对抗压力和适应环境的能力。通过不断地套路演练，学生可以逐步提高自己的武术水平，达到熟练掌握和应用武术技术的程度。

（二）武术文化及哲学思想渊源

武术文化及哲学思想渊源是武术教学中不可或缺的一部分，它们赋予了武术更深层次的意义和内涵。在教学中，通过介绍武术的历史、传承和发展，以及武术家的故事和精神风貌，可以让学生深入了解武术的文化底蕴和价值观念。

武术不仅是一种体育运动，更是中国古代武士精神和道德观念的体现。通过讲解武术的历史渊源和传统习俗，可以让学生了解中国古代武士的职责和担当，以及他们对于忠诚、勇敢、正义的追求。同时，还可以介绍武术在中国传统文化中的地位和作用，以及它对于社会和个人的影响和意义。通过了解武术的文化内涵，学生可以更好地认识和理解中国传统文化，增强文化自信和认同感。

武术蕴含着丰富的哲学思想，如太极哲学、道家思想等。太极拳作为中国传统武术的代表之一，以其独特的哲学思想和动作风格而闻名于世。太极哲学强调阴阳调和、动静相济、柔顺灵活的原则，引导人们追求身心的平衡和和谐。通过练习太极拳，人们可以领悟到生活中的道理，体会到宇宙间万物相生相克的规律。同时，道家思想强调自然、无为而治的理念，引导人们顺应自然、顺势而为，实现身心的自我调节和修养。通过介绍武术的哲学思想，可以引导学生在练习武术过程中领悟人生道理，培养品格修养，提高综合素质。

（三）民族传统体育项目特色鉴赏

民族传统体育项目的特色鉴赏有助于学生深入了解和体验中国丰富多彩的

民族文化。在教学中，可以通过组织学生观摩和体验不同民族传统体育项目，让他们了解其特色和魅力，增强对民族文化的认知和尊重。

中国各民族拥有独特的传统体育项目，每个民族都有其独特的体育文化。例如，蒙古族的摔跤是一项古老而悠久的传统体育项目，它强调力量、技巧和意志的结合，体现了蒙古族人民的勇敢和豪迈。藏族的射箭是一项具有神秘色彩的传统体育项目，射手在射箭的过程中需要调节呼吸、专注心神，体现了藏族人民的沉稳和坚毅。哈尼族的跳鼓舞是一种欢快而有力的传统体育项目，它结合了舞蹈、音乐和打击乐器，富有民族特色和地域文化。

通过参与这些民族传统体育项目的学习和体验，学生可以感受到民族传统体育项目的魅力，增强身体素质，促进民族团结和文化传承。学生可以亲身体验不同体育项目的乐趣和挑战，了解其背后的文化内涵和历史渊源，增强对民族文化的认同和尊重。通过与不同民族的交流和互动，可以促进民族之间的交流与合作，加强民族团结和文化传承，推动民族体育事业的繁荣发展。

四、体操及艺术体育项目教学拓展设计

（一）基本体操动作和综合套路

基本体操动作包括平衡、韧性、灵活性等方面的动作，如跳跃、翻转、支撑等。学生需要通过反复的练习，掌握这些基本动作的技术要领和动作规范。综合套路则是将各种基本动作组合成一套完整的动作序列，包括单项套路和自由套路。学生在练习综合套路时，不仅要注意动作的连贯性和流畅性，还要注重动作的美感和表现力。通过基本体操动作和综合套路的训练，学生可以提高身体的协调性、柔韧性和力量，培养优美的动作技巧和艺术表现力。

（二）艺术体操编排与创作

艺术体操编排与创作是艺术体操教学中的重要环节，它要求学生在音乐、动作、服装、道具等方面进行统一的编排，以展现体操运动的美感和艺术性。在这一过程中，学生将发挥自己的想象力和创造力，设计出独特而具有表现力的体操节目。

学生需要选择合适的音乐作为节目的背景音乐，并根据音乐的节奏和情感来设计体操动作的编排。音乐与动作的结合可以营造出一种和谐而动感十足的

氛围，增强节目的艺术感和观赏性。学生需要设计出富有创意和表现力的体操动作，并将其与音乐相配合，形成一个完整的节目。动作的编排要考虑到节奏、速度、力度等因素，以及体操运动的技术要求和规范，确保节目的流畅和美感。学生可以根据节目的主题和风格选择合适的服装和道具，并将其与音乐和动作相协调，增强节目的视觉效果和表现力。服装和道具的设计要简洁明了，突出节目的主题和情感，同时也要考虑运动员的舒适度和安全性。

通过参与艺术体操的编排与创作，学生不仅可以锻炼自己的想象力和创造力，还可以学习到艺术体操的表演技巧和舞台表现能力。他们将在设计和表演的过程中不断提高自己的舞台表现水平和艺术修养，为未来的比赛和表演积累经验和素材。同时，艺术体操的编排与创作也能够激发学生对艺术的热爱和追求，培养其对美的感知和欣赏能力，为其未来的艺术之路打下坚实的基础。

（三）健美操、舞龙舞狮等表演项目

健美操和舞龙舞狮等表演项目都是具有独特魅力的体育表演形式，它们不仅能够锻炼身体，提高体能，还能够增强学生对传统文化的认知和理解，培养团队合作意识和表演能力，丰富校园文化生活。

健美操是一种结合音乐节奏和舞蹈动作的有氧运动项目。通过多样化的动作组合和舞蹈编排，学生可以在愉悦的氛围中锻炼身体、提高体能。健美操不仅可以帮助学生塑造良好的体态和体型，还可以提高他们的协调性、柔韧性和耐力，增强身体素质。同时，健美操的表演形式也能够培养学生的表演能力和舞台魅力，让他们在表演中展现出自信和魅力。

舞龙舞狮是中国传统的文化表演项目，通过舞龙、舞狮等动作，展现出中国传统文化的独特魅力。舞龙舞狮是中国传统节日和庆典活动中的重要组成部分，它不仅具有观赏性和娱乐性，还寓意吉祥和喜庆。学生通过学习和表演舞龙舞狮，不仅可以感受到传统文化的博大精深，还能够培养他们的团队合作意识和表演技巧，增强集体荣誉感和凝聚力。

通过学习和表演健美操和舞龙舞狮等表演项目，学生不仅可以锻炼身体，提高体能，还能够增强对传统文化的认知和理解，培养团队合作意识和表演能力，丰富校园文化生活。这些表演项目不仅是体育教学中的重要内容，也是校园文化建设的重要组成部分，有助于丰富学生的课余生活，促进学生全面健康

发展。

五、健身休闲运动项目教学拓展设计

在健身休闲运动项目的教学拓展设计中，包括瑜伽、形体、舞蹈等健身项目、户外运动与户外生存技能以及运动健身与营养保健知识。

瑜伽、形体、舞蹈等健身等项目以舒缓的动作和音乐为特点，通过调节呼吸、舒展身体、提升柔韧性和平衡能力，达到放松身心、促进健康的效果。在教学中，可以结合不同的瑜伽动作、形体训练和舞蹈动作，设计丰富多样的课程内容，满足学生的不同需求和兴趣。通过瑜伽、形体、舞蹈等健身项目的学习和实践，学生可以提高身体的柔韧性、协调性和平衡能力，增强身心健康，培养良好的生活习惯。

户外运动包括徒步、登山、露营、皮划艇等各种户外活动，通过与大自然的亲密接触，锻炼身体、挑战自我，感受大自然的壮美和神奇。在教学中，可以组织学生参与户外运动活动，了解户外运动的技巧和安全常识，培养团队合作意识和户外生存能力。通过户外运动的体验，学生可以增强体魄、拓宽视野、培养勇气和毅力。

运动健身与营养保健知识是保持健康生活方式的重要组成部分，包括身体锻炼、饮食营养、心理健康等方面的知识。在教学中，可以介绍运动健身的原理和方法，如有氧运动、力量训练、伸展放松等；同时也要讲解饮食营养的基本原则，如均衡饮食、合理搭配、适量摄入等。通过运动健身与营养保健知识的学习，学生可以了解保持健康的重要性，掌握科学的健身方法，培养良好的生活习惯。

六、新兴体育运动项目教学拓展设计

（一）滑雪、冰上项目、攀岩等新兴项目

新兴体育运动项目的教学拓展设计是为了引领学生接触、了解和参与当下备受关注的体育运动项目，其中包括滑雪、冰上项目和攀岩等。这些项目不仅提供了锻炼身体的机会，还能培养学生的勇气、耐心和团队合作精神。

滑雪是一项需要技巧和勇气的运动，能够锻炼人的平衡力、协调性和反应能力。在教学中，可以通过室内模拟滑雪场地进行基本动作练习，包括站立、

滑行、转弯、停止等。学生在掌握基本技能后，可以逐渐进入室外滑雪场进行实际操作。同时，还可以介绍滑雪装备的选择和使用、安全常识等知识，提高学生的安全意识。通过滑雪项目的教学，学生可以享受冰雪运动的乐趣，感受大自然的魅力，培养勇气和毅力。

冰上项目包括冰球、花样滑冰、速度滑冰等，是冰雪运动中的重要组成部分，也是备受青睐的新兴体育项目。在教学中，可以通过专业场地进行基本动作练习，包括滑行、转弯、跳跃等。学生在掌握基本技能后，可以逐渐参与冰上比赛或表演，展示个人技术和团队合作精神。同时，还可以介绍冰上项目的规则和比赛流程，培养学生的竞技意识和团队协作能力。通过冰上项目的教学，学生可以感受冰上运动的刺激和挑战，锻炼身体和意志。

攀岩是一项全身性的运动，能够锻炼人的力量、耐力和灵活性。在教学中，可以通过室内攀岩墙进行基本技能练习，包括攀爬、控制、抓握等。学生在掌握基本技能后，可以逐渐挑战更高难度的攀岩路线，提高自己的攀岩水平。同时，还可以介绍攀岩装备的选择和使用、安全技巧等知识，增强学生的安全意识。通过攀岩项目的教学，学生可以挑战自我、突破极限，培养勇气和自信心。

（二）新兴项目的运动特点及安全教育

新兴体育项目的运动特点及安全教育是体育教学中至关重要的一环。首先，新兴项目的运动特点表现为多样性、挑战性和安全性要求高。这些项目如滑雪、冰上项目和攀岩等，各有不同的特点和技术要求。例如，滑雪项目涵盖了不同的滑道和滑雪方式，而攀岩项目则要求攀登者具备良好的身体素质和攀岩技巧。其次，安全教育在新兴项目的教学中至关重要。学生需要认识到参与新兴项目所面临的潜在风险，并学会正确使用装备和掌握相关的技能。这包括了解项目的基本知识、正确使用装备、接受专业的技能训练以及掌握紧急救护方法。通过这些安全教育措施，可以有效地降低学生参与新兴项目所面临的安全风险，保障他们的身体健康和安全。同时，也能够提高学生的安全意识和自我保护能力，使他们能够更加自信地参与体育运动，享受运动的乐趣。因此，在教学中，需要重视对新兴项目的运动特点进行全面的介绍和分析，并通过系统的安全教育措施，确保学生在参与这些项目时能够健康、安全地进行。

第五章　高校体育教学拓展与能力培养

第一节　高校体育教学拓展对学生运动技能的培养

一、运动技能培养在体育教学中的地位和作用

（一）运动技能是体育锻炼的基础

运动技能是指通过系统训练而获得的高度熟练和准确的动作模式。掌握正确的运动技能，不仅是进行体育锻炼和参与体育运动的基本前提，更是追求卓越运动成绩的关键所在。

任何一项体育运动，无论是简单的步行跑，还是复杂的技巧性项目，都有其固有的基本技术动作。只有通过正确掌握和熟练运用这些基本动作，才能确保动作的质量和效率，发挥出身体的最大潜能。比如在田径跑步项目中，正确的跑步技术能最大限度减小空气阻力、避免不必要的能量消耗；在击剑项目中，精湛的剑术技巧则是临门一脚的先决条件。因此，掌握规范的运动技能是顺利开展各类体育活动的基石。良好的运动技能也是预防运动损伤的有力保证。运动创伤大都源于动作姿势的失误或身体使用失当。通过专业的技能训练，教会学生正确完成动作要领和用力方式，避免了由于动作生疏而导致的扭伤、拉伤等风险，确保了安全高效的锻炼。缺乏基本的运动技能训练，不仅难以发挥运动的身心健康功效，更可能带来安全隐患。因此，无论是专业的体育运动训练，还是普通的日常健身活动，都应该十分重视运动技能的培养。

（二）良好的运动技能有利于终身体育的参与

在现代社会，健康意识和终身体育理念正在逐渐深入人心。良好的运动技能则是确保持续参与体育锻炼、坚持健康生活方式的重要保障。

如果从学生时代就熟练掌握了游泳、球类运动等多种基本技能，将有利于在日后的生活工作中自如参与相关运动。无论是为了强身健体，还是为了享受运动的乐趣，都可以自如选择喜爱的运动方式。相比之下，对于缺乏技能基础的人而言，容易对许多活动望而生畏，难以持续地投入运动。运动技能训练有助于培养团队合作和互帮互助的品质。特别是一些团队性项目，如篮球、足球等，重视技战术的合作配合，这也为参与运动带来了额外的社交动力。与他人结伴运动不仅增进感情，还能获得互相监督、互相鼓励的益处。良好的团队协作技能和相互帮助意识，对于日后持续参与群众体育活动具有重要意义。系统性的技能训练使学生养成了自律、刻苦的良好习惯，这种意志品质将终生受用。我们知道，任何一项运动技能的习得都需要持之以恒的努力。通过不断磨炼，学生逐步培养了自我约束和刻苦钻研的意志品质，这对于日后在其他任何领域的专注钻研都大有裨益。良好的意志力是人们持续参与健身活动、坚持健康生活方式的关键品质。无论是从动手能力、团队协作、自我约束等方面来看，都为日后一生中的运动实践奠定了坚实基础。有了这些有利条件，人们才能真正践行"终身体育"的理念，在日常生活中持续享受运动带来的身心益处。

（三）运动技能培养是体育教学的核心任务

作为体育教学的核心任务，运动技能培养贯穿于整个教学过程的方方面面。无论是理论学习、身体练习，还是智力教育、审美教育等，最终都是服务于运动技能的培养。

体育理论教学对于运动技能培养起到了指导和规范的作用。通过学习运动解剖学、运动生理学、运动训练学等理论知识，学生能够真正认识和掌握身体运动的本质规律，明确正确练习的要领，从而事半功倍。反之，如果缺乏理论知识，难免会盲人摸象，效率低下。

体育实践训练则是技能习得的直接过程。在这一阶段，教师须合理安排课时，精心设计训练计划，采取由浅入深、循序渐进的方式，引导学生分阶段掌握各种基本动作。在训练过程中，教师要及时给予指导和纠正，并鼓励学生通过反复演练逐步内化技能要领。

除此之外，培养运动技能还离不开一系列辅助性教育，包括智力教育、审美教育和人文教育等。技能培养不应狭隘地理解为单纯追求动作熟练度，而应

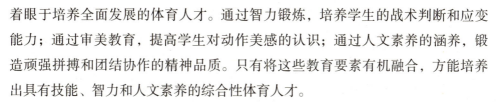

着眼于培养全面发展的体育人才。通过智力锻炼，培养学生的战术判断和应变能力；通过审美教育，提高学生对动作美感的认识；通过人文素养的涵养，锻造顽强拼搏和团结协作的精神品质。只有将这些教育要素有机融合，方能培养出具有技能、智力和人文素养的综合性体育人才。

总的来说，运动技能培养贯穿于体育教学全过程，是体育教学的核心任务所在。高校体育教学必须高度重视技能教学，并与理论知识、智力发展和人文素养的培养紧密结合，通过多维途径的协同作用，真正实现技能水平和综合素质的全面提高，为学生未来运动生涯和健康生活打下坚实基础。

二、体育教学拓展对运动技能培养的促进作用

（一）引入更多运动项目，拓宽技能面

传统的体育教学往往侧重于几种主要项目，如田径、球类运动等，这在一定程度上限制了学生运动技能的发展广度。为了促进学生全面发展，培养综合性运动能力，我们必须从单一的"大项目"教学模式转向多元化的"全员运动"理念，大力拓展体育课程的项目范围。

不同学生在体能条件、兴趣爱好上存在差异，过于集中的项目设置，很难做到适合所有人。比如一些适合女生的项目，如啦啦操、体育舞蹈等，常常遭到忽视；一些潮流运动项目，如攀岩、滑板等，也较少在教学中开设。拓展更多新颖多样的运动项目，不仅有助于激发学生的运动兴趣，更能满足个性化需求，提高学习热情。学生在校期间仅掌握两三种单一项目技能，显然难以适应社会对综合素质的需求。而通过引入更多不同风格的运动项目，如武术、体操、户外拓展等，有利于培养学生多方位的运动基本功，为日后不断拓展新技能铺平道路。

丰富的运动项目有助于培养学生全面综合的运动能力。每一项运动项目对身体素质的侧重点都不尽相同，通过系统学习多种项目，可以促进力量、速度、灵敏、协调等各方面身体能力的协调发展。例如，武术讲究柔韧性，攀岩锻炼力量、耐力，游泳提高心肺功能等。多元化的项目安排，有益于学生身体素质的均衡发展。

因此，高校体育教学必须超越狭隘的"单项目培养"模式，在教学中大胆纳入更加丰富多元的运动项目，为学生创造自由选择和全面发展的机会。只有极大拓宽了技能面，学生才能真正掌握全面的运动技能，奠定坚实的终身体育基础。

（二）优化教学内容和方法，提高培养质量

除了拓展项目范围外，还须着力于优化体育教学的内容与方法，切实提升培养质量，使目标落到实处。

传统的体育教学模式过于追求刻板的动作标准，忽视了技术理解和意识培养。很多时候，教师更关注学生是否把动作做对或做错，却忽略了对运动本质认知的引导。良好的教学不应停留于表面技能传授，而应着眼于培养学生正确的运动意识、发展思维能力。比如在教授某项技术动作时，教师不应照本宣科地要求生硬模仿，而应先引导学生思考该技术存在的合理性，理解其产生的原因和执行的关键点在哪里，从而主动掌握技术要领。同时还要给予充分的机会让学生亲自实践、动手操作，在不断摸索中体会感悟。只有通过这种"思辨实践"的过程，学生才能内化运动技术的内在规律，从而培养正确的运动意识。另一方面，教学还应该注重运用现代教育理念与信息技术。例如，可采用情景模拟、虚拟现实等模式，为学生营造身临其境的仿真训练环境；也可借助视频分析、动作捕捉等先进手段，直观呈现姿态的精细变化，辅助学生理解掌握关键要领。还要优化教学组织形式。我们要积极探索小组合作、项目式等灵活教学形式，鼓励学生主动参与、互帮互学，培养团队协作精神。同时结合学情采用因材施教、分层教学等策略，真正做到因材施教、因需施教。

拓展运动技能教学，需要在教学内容、教学方法、教学组织等多个层面精心设计。只有彻底摒弃"机械做作"的陈旧模式，才能真正让学生主动思考、主动实践，培养创新意识，从根源上提高技能培养的质量和效果。

（三）关注学生个体差异，实现个性化培养

每个学生的身体条件、心理素质、兴趣爱好都不尽相同，这就决定了我们在进行运动技能培养时，不应采取"一刀切"的单一模式，而应高度重视学生的个体差异性，努力实现因材施教、个性化培养。在体能和专项素质方面，每个人都存在着天生的个体差异。有的学生天生臂力较好，更适合投掷类项目；有的学生则较为柔韧灵活，更宜拳术、体操等项目。教师应根据学生的身体条件特点，因材施教地选择相应的技能培养项目，避免给学生"勉强"的负担。在性格心理和兴趣爱好方面，学生之间同样存在巨大差异。有的学生性格外向，更喜欢团队和对抗性强的运动；有的则较为内向，可能更钟情于一些个人项目。

再者，由于生活环境等因素的影响，学生们的运动经历和兴趣点也不尽相同。所以我们要最大化地考虑学生的个体特征，让每个人都能从感兴趣、擅长的项目入手，激发学习主动性。教学内容和方法的安排也要体现个性化。对于动作笨拙或心理压力大的学生，可以采取更加耐心细致的指导方式；对于基础较好的学生，则可以安排一些更有挑战性的训练任务。还可以在理论认知和动作要求上，为不同类型的学生设置不同的目标和侧重点。

个性化培养是拓展体育教学、提高技能水平的重要着力点。我们不应用单一的"狭窄"模式，而要努力为每个学生量身定制个性化的培养方案，真正做到因材施教、适度施教，促进学生健康和全面发展。

三、体育教学拓展中运动技能培养的实施路径

（一）构建多层次、分类别的课程体系

构建多层次、分类别的课程体系是体育教学拓展中运动技能培养的重要实施路径。这种体系的构建旨在根据学生的年龄、能力水平和兴趣特点，设计并整合不同层次、不同类型的课程，以满足他们的学习需求和发展要求。

多层次的课程体系应该根据学生的年龄段和学习阶段进行划分。例如，可以将课程分为基础阶段、提高阶段和专业阶段，每个阶段都有相应的课程设置和教学目标。在基础阶段，主要注重培养学生的基本运动技能和运动能力；在提高阶段，逐步提升学生的技能水平和竞技能力；在专业阶段，针对个别学生的特长和兴趣，开设专业化的训练课程，培养他们成为优秀的运动员或教练员。

根据不同运动项目和技能要求划分课程体系。体育运动涵盖了众多的项目和技能，如篮球、足球、田径、游泳等，每个项目都有其独特的特点和技术要求。因此，可以将课程按照运动项目进行分类，设计专门针对不同项目的技能培训课程。同时，在每个项目中可以进一步划分不同的技能类别，如基本技术、战术技能、身体素质等，以便更有针对性地进行教学和训练。

课程体系的构建还应考虑到学生的个性发展和多元化需求。在设计课程内容和教学方法时，应该充分考虑到学生的兴趣爱好、学习风格和身体条件，灵活调整课程设置，提供多样化的学习体验和参与方式。同时，还可以引入跨学科的教学内容和活动，拓展学生的视野和知识面，促进他们全面发展。

（二）创新教学模式，采用任务驱动、情景模拟等

通过采用任务驱动和情景模拟等创新教学模式，可以激发学生的学习兴趣，提高他们的学习积极性和参与度。任务驱动的教学模式注重将学习内容与实际任务相结合，通过设置具体的学习任务，引导学生主动探索和解决问题，从而达到学习目标。例如，在篮球教学中，可以设计一系列的任务，如模拟比赛中的进攻和防守情境，要求学生分组合作，制定战术并实施，以提高他们的团队合作能力和应对比赛压力的能力。情景模拟则是通过模拟真实场景，让学生在情境中体验和应用所学知识和技能。例如，在足球教学中，可以设置场景模拟比赛中的各种情况，如角球、点球等，让学生在模拟的比赛情境中实践技能，培养他们的应变能力和决策能力。

（三）利用现代教育技术手段，如虚拟仿真等

随着科技的发展，虚拟仿真等现代教育技术手段被广泛运用于体育教学中，为学生提供更加生动、直观的学习体验。虚拟仿真技术可以模拟各种运动场景和动作细节，使学生可以在虚拟环境中进行练习和实践，从而加深对运动技能的理解和掌握。例如，通过虚拟仿真软件，学生可以模拟在不同地形、天气条件下进行足球比赛，体验各种比赛情况，提高应对不同环境的能力。

（四）加强运动技能培养与理论、实践的融合

传统的体育教学往往过于注重技能训练，而忽视了理论知识的学习和应用。然而，理论知识对于运动技能的提高同样至关重要。因此，应该将运动技能培养与理论知识的学习相结合，通过理论指导和实践操作相结合的方式，全面提升学生的运动能力。例如，在游泳教学中，除了教授游泳技巧外，还应该向学生介绍水的物理特性、游泳的生理原理等相关知识，让他们理解游泳的科学原理，并能够在实践中加以应用。

四、高校体育教学拓展中运动技能培养的评价与反馈机制

（一）建立科学的运动技能测评体系

构建科学、客观、全面的技能评价机制，是保证体育教学质量、促进学生持续进步的重要环节。高校应当结合各项目的特点，建立起多元化的运动技能测评体系。

首先，必须明确测评的目的和内容。既要重视学生基本技术动作的规范性、协调性，也要关注战术意识和综合运用能力，且不同运动项目的侧重点有所不同。因此，在设计评分细则时，应该充分结合项目特点，综合考虑技术、战术、身体素质等多方面因素，做到评分维度全面、项目针对性强。其次，测评方式要科学合理。不能仅仅停留于一次性大考的传统模式，更重要的是引入形成性评价，即通过课堂练习、阶段性测试、现场观察等多种方式，对学生进行过程性考核。比如，教师可借助视频分析、专业软件、传感器等工具，收集学生实战过程的全面数据，更加客观地评判技能发挥情况。再次，评分主体也要多元化。不应仅局限于教师主观评分，还应引入学生自评互评等环节，增强主体参与度，培养学生自我管理和自主学习的能力。同时也可借助专业人士、裁判员的评判，让评分更加权威公正。最后，还要建立完善的评估档案，对学生的技能发展情况进行全程追踪。通过长期系统的数据积累，我们不仅能更加全面地了解每位学生的薄弱环节与进步趋势，还能为后期运动项目的设计优化提供宝贵的参考依据。

（二）注重形成性评价和及时反馈

评价的根本目的是促进学生的持续进步。因此，教学过程中除了总结性评价外，更应注重形成性评价，确保学习反馈的及时性和有效性。

形成性评价主要是指在教学过程当中，通过观察学生的课堂表现、阶段性测试等方式所做出的评估，以发现学习中的薄弱环节并及时给予反馈指导。相比期末总评的"评判性"作用，形成性评价更强调其"诊断性"和"发展性"功用。通过形成性评价，教师能够及时掌握学生技能形成的实际进度，对已取得的进展给予肯定，对存在的问题实时点评纠正。实践表明，及时有效的反馈对于促进学习效果具有重要作用。如果评价反馈滞后，一旦错误动作形成习惯，后期再纠正就会付出更多代价。除了教师评价外，同伴互评和自我评价在形成性评价中也发挥着重要作用。通过相互评判、互相启发，可以增强学生的参与热情和主动性。还可引导学生养成自我观察、自我纠正的意识，有利于技能形成的自主化、内化过程。

在课程中安排更多形成性评价环节，多种形式的及时反馈可以令学生清楚了解自身存在的不足，精准纠偏，实现学习轨迹的动态调整。只有评价和反馈贯穿在整个教学过程中，才能及时发现问题、即时纠正偏差，为学生运动技能的顺利习得提供持续的推动力。

（三）将评价数据运用于持续改进

收集和分析体育教学评价数据，不仅可以了解学生技能发展状况，更重要的是要将这些宝贵的第一手资料应用于教学改革和持续优化。

评价的数据积累能够帮助体育教师发现一些共性问题。比如在某些常见技术动作或教学环节，学生出现普遍性低效或失误，这就说明我们的教学安排或授课方式可能存在一定盲区和不足，有待改进。而通过数据比对，我们也能及时发现一些出色的范例和优秀做法，加以总结推广。同时，技能发展评价还能为个性化、分层教学改革提供参考。从长期数据分析中，我们可以识别出不同阶段和不同层次学生的一般发展规律，并针对不同阶段、不同层次制定相应的培养目标和方法。比如对于基础欠佳的学生，课程应着重加强基本动作的反复练习；而对于基础良好的学生，则可以适当设置一些更具挑战性的训练任务等。

通过对教学效果的持续跟踪评价，我们还能及时发现一些新的动向和趋势，防止故步自封、墨守成规。比如随着社会需求和运动理念的变化，新兴运动项目和锻炼方式也不断涌现，单一的传统教学已难以适应时代发展。因此，我们有必要及时吸收新的教学理念、教学技术和组织形式，推陈出新。

总之，体育教学评价绝不是一个简单的考核过程，更是教学优化的重要抓手。在高校体育教学拓展中，要将海量评价数据转化为决策参考，不断优化课程设置、完善教学内容和方法、推进教育改革，切实提高教学质量和针对性，为学生的多元发展提供全程服务和支持。

第二节　高校体育教学拓展对学生团队协作能力的培养

一、高校体育拓展与学生团队协作能力

（一）团队协作能力的概念和重要性

团队协作能力是指个体在团队中有效地与他人合作、协调和沟通，共同完成任务并实现共同目标的能力。这一能力涵盖了多方面的技能和素质，包括沟

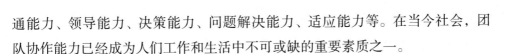

通能力、领导能力、决策能力、问题解决能力、适应能力等。在当今社会，团队协作能力已经成为人们工作和生活中不可或缺的重要素质之一。

团队协作能力的内涵包括多个方面。首先是沟通能力，即个体与团队成员之间有效交流、传递信息和理解意图的能力。其次是领导能力，指个体在团队中发挥领导作用，调动团队成员的积极性和主动性，推动团队达成共同目标的能力。再次是决策能力，即个体在面对问题和挑战时能够迅速做出正确的决策，并为团队提供明智的指导和支持。此外，还包括问题解决能力、适应能力等方面的能力，这些能力都是团队协作的重要组成部分。

团队协作能力在社会生活中具有重要作用。在工作场所，团队协作是完成复杂任务和解决问题的有效方式。通过团队合作，个体可以充分发挥自己的优势，同时借助他人的力量和智慧，实现任务的高效完成。在学术研究领域，团队协作也是推动科学进步和技术创新的重要手段。通过不同领域、不同专业的专家共同合作，可以促进知识的交流和整合，推动科学研究的深入发展。在社会生活中，团队协作能力也是实现社会和谐稳定的重要保障。通过团队合作，个体可以更好地融入社会集体，建立良好的人际关系，共同实现社会共同利益。

高校教育旨在培养学生全面发展的各个方面，团队协作能力作为其中的重要一环，对于学生的成长和发展具有重要意义。通过团队协作，学生可以锻炼自己的沟通能力、协调能力、领导能力等多个方面的能力，提高自己的综合素质和综合能力。同时，团队协作也有助于培养学生的团队意识和集体荣誉感，促进学生之间的相互理解和合作，培养学生积极向上、勇于担当的人生态度和价值观念。因此，高校应该重视团队协作能力的培养，通过各种形式的教学和实践活动，为学生提供良好的团队合作环境和机会，促进他们全面发展和成长。

（二）传统体育教学对培养团队协作能力的不足

传统体育教学在一定程度上存在对培养团队协作能力的不足。虽然体育教学在很大程度上注重个体技能和表现，但是它通常没有充分重视团队协作的重要性，从而忽视了学生在团队环境中培养和发展协作能力的机会。

传统体育教学中，教学过程过于个体化，缺乏团队合作的培养。体育课程通常以个人技能训练和个人表现为主，学生更多地注重自己的技能提高和个人成绩。在这种情况下，团队合作的概念和意识往往被忽略，学生缺乏在团队环境中与他人合作的机会和经验。传统体育教学中缺乏团队合作的实践机会。学生通常在课堂上进行技能训练和比赛，而很少有机会参与团队项目或团队活动。这种缺乏实践机会的教学模式使得学生无法真正体验到团队合作的重要性，也限制了他们在团队环境中培养和发展协作能力的机会。此外，传统体育教学中通常缺乏团队合作的指导和引导。教师往往更多地关注个人技能的提高和个人表现，而忽视了团队合作的培养。在体育课程中，教师应该引导学生学会与他人合作，协调团队关系，共同完成任务，但是这种指导往往缺乏或者不够系统和有效。

传统体育教学中个体竞技意识过重，团队协作意识不足。个体技能和表现在体育教学中通常被高度强调，学生往往更注重个人的表现和成绩，而忽视了团队合作的重要性。这种个体化的竞技意识容易导致学生缺乏团队合作的意识和态度，影响了他们在团队环境中的协作能力的培养。

（三）体育教学拓展有利于培养团队协作能力

体育教学拓展在培养团队协作能力方面具有显著的优势。通过融入更多团队运动项目、采用合作学习的教学方法以及渗透相关理论知识和文化内涵，体育教学可以更有效地培养学生的团队协作能力，促进他们在团队环境中的合作与交流。

传统体育教学往往以个人技能训练和个人竞技为主，而体育教学拓展则更注重团队合作和集体竞技。通过引入更多的团队运动项目，如篮球、足球、排球等，学生在实践中需要与团队成员合作，协调动作和策略，共同达成目标。这种团队运动项目的引入能够增强学生的团队协作意识和能力，培养其在团队环境中的合作精神和团队意识。

合作学习是一种强调学生之间相互合作、交流和分享的教学方法，通过小组合作或团队合作的形式，学生在协作中共同学习、共同进步。在体育教学中，教师可以设计各种合作学习活动，如小组比赛、团队项目等，让学生在合作中相互支持、相互配合，培养其团队协作能力。通过这种方式，学生不仅能够提高个人技能水平，还能够培养团队精神和协作能力，从而更好地适应团队合作的环境。

除了注重技能训练和实践操作，体育教学拓展还注重团队协作理论知识的传授和文化内涵的渗透。通过学习体育理论知识，如团队战术、合作策略等，学生能够更深入地理解团队运动项目的规律和要求，提高在团队合作中的认识和水平。同时，体育教学还应该注重文化内涵的渗透，引导学生了解和体验不同体育项目背后的文化价值和历史传承，增强学生的文化自信和团队凝聚力。

二、体育教学拓展中培养团队协作能力的途径

（一）体育课程设置注重团队合作内容

在体育课程设置中注重团队合作内容，是为了促进学生的团队协作能力和团队精神的培养，从而更好地适应未来的社会和工作环境。

体育课程设置应该合理安排团队合作项目和活动，包括在课程设置中明确指定一定比例的团队合作项目，如分组进行集体训练、团体比赛等。通过这些团队合作的活动，学生不仅可以提升自身的体育水平，还可以培养团队协作的能力。例如，在集体训练中，学生需要相互配合、协调动作，共同完成训练任务；在团体比赛中，学生需要合作打造战术、互相配合，以达到团队的胜利。这些活动不仅让学生在体育运动中体验到团队合作的重要性，也为其培养团队协作能力奠定了基础。

体育课程设置中的团队合作内容应当具有一定的多样性和挑战性。这样可以激发学生的学习兴趣和主动性，促使其更加积极地参与到团队合作中来。例如，可以设置一些创新性的团队合作项目，如团队挑战赛、团队拼图比赛等，让学生在竞争中培养团队合作的意识和能力。同时，还可以安排一些跨学科的团队合作项目，如跨专业合作设计体育场馆布局、策划体育赛事等，通过这些项目，可以锻炼学生的跨学科合作能力和综合素质。

不同年龄段的学生对于团队合作的接受程度和参与意愿可能有所不同，因此需要根据实际情况合理设置团队合作内容。例如，对于小学生可以设计一些简单有趣的团队合作游戏；对于中学生可以设置一些较为复杂的团队合作项目，如团体操、集体舞蹈等；对于大学生则可以设计一些专业性较强的团队合作项目，如团体训练、比赛策划等，以更好地促进其团队协作能力的培养。

（二）教学过程中安排团队协作训练

在教学过程中安排团队协作训练是体育教学中的重要环节，它能够有效地促进学生的团队合作能力和团队精神的培养。

教学过程中安排团队协作训练能够有效地培养学生的团队意识和团队精神。通过分组进行集体训练或团体比赛等活动，学生需要相互合作、协调配合，共同完成任务或达成目标。在这个过程中，学生会意识到团队合作的重要性，学会尊重他人、倾听他人意见、团结合作，从而培养出团队精神和团队协作的能力。在团队合作的过程中，学生需要不断地进行沟通和交流，以协调行动、分工合作。他们需要表达自己的想法、听取他人的意见，并找到最佳的解决方案。通过这种交流和沟通，学生不仅可以更好地理解他人，也可以更好地表达自己，提高沟通能力和交流能力。在团队合作的过程中，学生可能会担任领导或组织者的角色，需要带领团队成员完成任务。这种经历可以锻炼学生的领导力、组织能力和决策能力，培养他们成为具有团队精神和领导才能的人才。团队协作训练还能够激发学生的学习兴趣和积极性，提高他们的学习效果和教学质量。通过参与团队合作训练，学生能够感受到团队合作的乐趣和成就感，从而更加积极地投入到学习中去，提高学习的效率和质量。

（三）课外活动中组织团队赛事或项目

课外活动中组织团队赛事或项目是一种非常有效的方式，可以帮助学生锻炼团队协作能力，并在实践中提升这种能力的水平。

学校可以组织各种体育赛事或项目，例如篮球比赛、足球比赛、排球比赛等。这些团体比赛项目不仅可以让学生在比赛中学习团队合作和协作的重要性，还可以让他们在激烈的竞争中培养胜负意识和团队凝聚力。通过参与这些比赛，学生可以学会在团队中分工合作、相互配合，共同追求胜利。学校还可以组织各种团队挑战赛或团体项目。这些挑战赛可能包括团队拓展、团队建设等活动，要求学生在团队中协作完成各种任务或挑战。这种活动不仅可以锻炼学生的团队协作能力，还可以培养学生的团队精神和领导能力。通过挑战赛，学生可以学会在团队中相互支持、互相鼓励，克服困难，共同取得成功。

学生也可以通过参加社团、俱乐部等课外活动，与他人一起合作、交流。这些社团和俱乐部通常会组织各种团队项目或活动，如演出、比赛、志愿服务等，学生可以在这些活动中积极参与，锻炼团队合作和协作能力。在这些团队活动中，学生可以与其他成员共同制定计划、分工合作，共同完成任务，从而提升团队协作能力。

（四）理论课程学习团队管理和协作理念

在体育理论课程中学习团队管理和协作理念对于培养学生的团队协作能力和领导力至关重要。通过理论课程的学习，学生可以了解团队管理的基本原理、团队协作的重要性以及如何在团队中发挥自己的作用。

在体育理论课程中，学生可以学习到团队管理的基本概念、原则和方法，了解到团队合作的重要性以及团队中每个成员的作用和责任。通过理论学习，学生可以树立起尊重团队、团结协作的意识，从而更好地适应未来团队工作的需要。学生还可以通过案例分析和实践操作等方式，了解到如何在实际团队中发挥领导作用、协调团队关系和解决团队问题。通过这些学习和实践，学生可以逐渐培养起自己的领导力和组织能力，为未来成为优秀的团队领导者打下坚实基础。在团队合作中，良好的沟通和交流是十分重要的，可以帮助团队成员更好地理解彼此的想法和意图，提高团队工作的效率和质量。通过体育理论课程的学习，学生可以学习到如何进行有效的沟通和交流，如何处理团队内部的矛盾和冲突，从而提高自己的沟通能力和团队合作水平。

四、在体育教学拓展中培养团队协作能力的教学策略

在体育教学拓展中，培养团队协作能力是至关重要的，而采用有效的教学策略可以更好地促进学生的团队协作能力的提升。

（一）分组合作，实施分工协作

在体育教学中，采用分组合作的教学策略是为了促进学生的团队协作能力和团队精神的发展。如何实施分组合作，以达到最佳的教学效果呢？以下是一些详细的指导步骤和方法：

在进行分组前，教师应明确教学目标和任务。目标和任务的明确性对学生的分组合作至关重要，它能够激发学生的学习动力，使他们在合作中更加专注和努力。在分组时，应考虑学生的个体特点和能力水平，确保每个小组都有一定的均衡性。可以根据学生的兴趣、能力、性格等因素进行分组，也可以采取随机分组或者按照学号分组的方式。每个小组应该被分配明确的任务和责任，确保每个成员都知道自己的角色和任务。任务可以是完成某项体育技能训练、设计某项体育项目、策划体育比赛等，具体根据课程内容和教学目标而定。

在分组合作过程中，良好的沟通是至关重要的。教师可以为每个小组指定

一名组长或者队长，负责组织和协调小组成员的活动。同时，教师也应该鼓励学生之间的积极沟通和合作，分享想法、交流意见，共同解决问题。教师在分组合作过程中应扮演着监督和指导的角色，及时给予学生反馈和指导。教师可以定期组织小组讨论和汇报，了解每个小组的进展情况，发现问题并及时解决。在分组合作中，教师既要重视任务的完成，也要注重团队意识和合作精神的培养。鼓励学生相互帮助、支持和尊重，共同努力，共同成长，共同取得成功。

（二）情景模拟，演练协作过程

情景模拟是一种生动有效的教学方法，通过创设具体的情境或场景，让学生在模拟的环境中进行学习和实践。在体育教学中，情景模拟可以是一种有力的教学策略，有助于学生深入理解团队协作的重要性，并在模拟的情境中锻炼团队协作能力。

首先，教师需要根据教学内容和教学目标，设计具体的情境或场景。这个情境可以是模拟体育比赛、训练、集体项目等，让学生在模拟的环境中进行学习和实践。在情景模拟的过程中，教师需要为每个学生分配具体的角色和任务，如队长、队员、教练等。每个角色都有不同的责任和任务，需要学生们相互合作，共同完成。在模拟的情境中，教师可以模拟真实的比赛或训练场景，让学生们感受到竞争和压力。通过模拟的比赛或训练，学生们可以更好地理解团队协作的重要性，锻炼团队合作的能力。

其次，在情景模拟结束后，教师可以组织学生进行思考和反思，让他们总结经验和教训，发现问题并提出解决方案。这有助于学生更深入地理解团队协作的意义，并提高他们在实际情境中的应对能力。在情景模拟的过程中，教师需要及时给予学生反馈和指导，帮助他们改进和提高。通过及时的反馈和指导，学生可以更好地认识到自己的不足之处，并努力改进，提高团队协作能力。

（三）反思总结，提高协作意识

反思总结是促进学生提高协作意识和团队精神的关键环节，特别是在体育教学中。通过反思总结，学生可以深入分析团队合作的过程和结果，发现问题并提出改进措施，从而不断提高团队协作能力。

在体育教学过程中，教师可以设立专门的反思时间和空间，让学生在课后或课间进行反思总结。这可以是小组讨论、个人反思或写作等形式，让学生有足够的时间和空间思考和总结团队合作的过程和结果。在反思总结的过程中，教师可以引导学生提出问题，如"在团队合作中遇到了哪些挑战？""团队合作中存在的问题有哪些？""如何改进团队合作效率？"等。通过提出问题，可以帮助学生深入分析团队合作的情况，发现问题并提出解决方案。

在反思总结的过程中，教师可以促进学生之间的交流和讨论，让他们分享彼此的经验和教训。通过交流和讨论，可以激发学生的思维，启发他们发现问题和提出解决方案，从而提高团队协作能力。教师还需要及时给予学生反馈和指导，帮助他们理清思路，明确改进方向。通过及时的反馈和指导，可以帮助学生更好地认识到团队合作中存在的问题，并提出相应的解决方案。

最后，学生需要将反思总结的成果落实到实际行动中，积极采取改进措施，提高团队协作效率和质量。教师可以监督和指导学生的改进过程，确保反思总结能够产生实际的效果。

第三节　高校体育教学拓展对学生创新思维的培养

一、创新思维概述

（一）创新思维的含义

创新是一个源远流长的词汇，其起源可以追溯到拉丁语，原意包含更新、创造新的东西和改变等三层含义。创新思维则指的是人们运用已有知识和经验，不断开拓新领域的思维能力，追求最佳、最新知识，并能够独创解决问题的思维方式。正如爱因斯坦所言，创新思维是一种新颖而有价值的、非传统的，具有高度机动性和坚持性的思维方式，能够清晰勾画和解决问题。创新思维并非天生就有，而是通过人们的学习和实践不断培养和发展起来的。在体育教育中，除了培养学生的运动能力和基本技能、增强体质外，还应重视培养学生的创新意识，进而发展创新思维能力。学校教育的全过程需要贯穿学生创新意识与创新思维能力的培养，而体育教育作为其重要组成部分，具有得天独厚的条件来促进这一点。

随着 21 世纪教育的发展趋势和现代社会对人才的需求不断提升，体育教学的指导思想也发生了巨大的变化。从片面的生物学评价向完整体育的转变，从阶段性体育与终结体育向终身体育与终身健康的转变，体育教育的根本目标逐渐转变为培养有创造力、身心健康的人才。因此，体育教育在培养学生创新思维能力方面具有重要意义。通过体育教育，学生不仅能够锻炼身体，培养运动技能，更能够在运动中培养创新意识和思维能力。在体育课堂上，学生需要不断地面对挑战，解决问题，探索新的运动方式和技巧，这种思维训练有助于他们在日后的学习和生活中具备创新的能力。

（二）创新思维在知识经济时代的重要地位

知识经济的兴起不仅改变了传统的生产模式和经济格局，也深刻影响了社会发展的方方面面。在这个时代，知识的获取、创造和应用成为推动经济增长和社会进步的关键。创新思维作为知识经济时代的核心驱动力之一，扮演着至关重要的角色。

创新思维是推动科技进步和产业发展的动力。在知识经济时代，科技创新成了各行各业竞争的核心。只有不断地进行技术革新和创新，企业才能在激烈的市场竞争中立于不败之地。创新思维能够激发人们不断探索未知领域、突破传统限制的勇气和创造力，促使科技成果不断涌现，推动科技进步和产业发展。

创新思维是培养人才的关键。在知识经济时代，人才成为了最宝贵的资源。而培养具有创新思维的人才已成为高校教育的重要使命。创新思维不仅仅是指具有独特创意的能力，更是指具备挑战传统观念、勇于尝试新事物、善于解决问题的思维方式。通过培养创新思维，高校能够为学生提供更加全面的素质教育，使他们具备适应未来社会发展需要的能力。

创新思维对于解决现实问题和应对挑战至关重要。在知识经济时代，社会面临着诸多挑战和问题，如环境污染、资源匮乏、经济危机等。而创新思维能够帮助人们寻找新的解决方案和应对策略，促进社会问题的解决和社会发展的可持续性。通过创新思维，人们能够发现问题的本质、找到切实可行的解决方案，推动社会向更加美好的方向发展。

（三）创新思维是高等教育培养的核心能力

创新思维作为高等教育培养的核心能力，扮演着至关重要的角色。在当今快速变化和竞争激烈的社会环境中，高等教育的使命不仅在于传授知识，更在

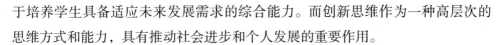

于培养学生具备适应未来发展需求的综合能力。而创新思维作为一种高层次的思维方式和能力，具有推动社会进步和个人发展的重要作用。

创新思维是适应知识经济时代的需要。在当前知识经济时代，科技和知识的迅速发展对人才的要求愈加严苛。传统的知识和技能已经不足以适应社会的发展需求，而创新思维能够帮助个人不断地开拓新领域、提出新观点、解决新问题，从而适应知识经济时代的发展。创新思维是推动科技创新和社会发展的重要力量。科技创新是推动社会进步的关键驱动力之一，而创新思维则是科技创新的核心。具备创新思维的人才能够在科技研究、产品设计、工艺改进等方面提出新的思路和方法，推动科技创新的不断发展，促进社会经济的繁荣和进步。创新思维是解决复杂问题和应对挑战的关键。在现实生活和工作中，人们常常面临着各种各样的复杂问题和挑战，而创新思维能够帮助人们从不同的角度去审视问题、寻找解决方案，提高解决问题的效率和质量，从而推动个人和组织的发展。创新思维是个人职业发展和社会竞争的关键优势。在职场中，具备创新思维的人才更容易获得机会和成功。他们能够以更加开阔的视野和独特的思维方式解决问题，具备更强的适应能力和竞争力，从而在激烈的社会竞争中脱颖而出。

二、体育教学拓展有利于培养创新思维

体育教学拓展是培养学生创新思维的重要途径之一。通过丰富多样的运动项目、创新教学方法以及融入创新相关理论和文化内涵，体育教学可以激发学生的好奇心，促进他们的思维开放性，从而有效培养学生的创新思维能力。

首先，丰富多样的运动项目可以激发学生的好奇心。体育教学拓展不仅包括传统的体育项目，还可以引入一些新颖、创意的运动项目，如户外探险、攀岩、冲浪等。这些新颖的运动项目往往能够吸引学生的兴趣，激发他们对未知领域的好奇心，促使他们不断尝试和探索，从而培养了他们勇于创新、不断追求进步的心态。

其次，创新教学方法可以促进学生的思维开放性。在体育教学中，教师可以运用各种创新的教学方法，如问题导向教学、合作学习、案例分析等，打破传统的教学模式和思维定式，激发学生的思维活跃性和创造性。通过这些创新的教学方法，学生可以从不同的角度去思考和解决问题，培养了他们独立思考、

团队合作的能力，从而促进了他们的创新思维发展。

最后，融入创新相关理论和文化内涵也是体育教学拓展培养学生创新思维的重要手段。体育教学不仅要注重培养学生的体育技能，还应该关注培养学生的文化素养和创新意识。教师可以通过体育课程引入一些与创新相关的理论和文化内涵，如运动心理学、运动哲学、体育艺术等，让学生了解到创新与运动之间的联系，激发他们对创新的兴趣和热情，培养他们的创新思维能力。

三、体育教学中培养创新思维的实践路径

（一）开设专门的创新教育模块或课程

开设专门的创新教育模块或课程在体育教学中具有重要的意义。首先，随着社会的发展和科技的进步，传统的体育教学已经无法满足学生的需求，因此，培养学生的创新思维成为当前体育教育的紧迫任务之一。通过创新教育模块或课程的开设，可以使学生更好地适应时代的发展潮流，并提升他们在现实社会中的竞争力。其次，创新思维是学科发展的动力之一，通过培养学生的创新思维，有助于推动体育教学的发展，促进学科的进步和提升。

在设计创新教育模块或课程时，有几个原则需要遵循。首先，课程设计应该贴近实践，注重实际操作。学生通过实践，才能更好地理解和掌握创新思维的核心要素。其次，课程设计应强调综合性，涵盖多个方面的内容，包括理论知识、实践技能以及创新能力的培养等。最后，课程设计应注重实效性，强调学生在学习过程中能够获得实际的收获和成果。

在实施创新教育模块或课程时，需要采取一系列策略。首先，确定课程目标，明确培养学生何种创新能力，以及如何评价学生的创新水平等。其次，选择适当的教学方法，包括课堂讲授、案例分析、实践操作、团队合作等多种教学方法的结合运用。此外，关注学生的需求和反馈，加强实践环节，以及及时评价和反馈学生的学习情况，都是实施创新教育模块或课程的重要策略。

（二）运用探究式、任务驱动等启发式教学法

运用探究式、任务驱动等启发式教学法在体育教学中是一种有效的方法，可以促进学生的创新思维和能力的培养。探究式教学注重学生的主动参与和探索，通过提出问题、引导学生思考、进行实践等方式，激发学生的学习兴趣和

求知欲。任务驱动教学则是通过设定具体的任务和情境，激发学生的学习动机，促使其主动探索和解决问题。

探究式教学可以培养学生的观察力、分析能力和解决问题的能力。在体育教学中，教师可以设计一些开放性的问题或情境，引导学生主动探索和实践，如让学生观察运动员的比赛视频并分析其技术动作，然后提出改进意见或解决问题。通过这样的活动，学生可以深入理解体育知识，提高自己的技能水平，并培养解决问题的能力。任务驱动教学可以激发学生的学习兴趣和主动性。通过设定具体的任务和情境，如设计一个创新的训练计划、组织一场特殊规则的比赛等，可以引导学生在实践中学习，激发他们的学习动机和创造力。在任务驱动的教学过程中，学生需要动手实践、团队合作、解决问题，这有助于培养他们的创新思维和实践能力。启发式教学法还可以促进学生的批判性思维和创造性思维。通过引导学生提出问题、寻找解决方案、进行讨论和交流，可以培养他们的批判性思维和判断能力。同时，鼓励学生尝试新的方法和思路，发挥他们的想象力和创造力，有助于培养他们的创新思维和能力。

通过引导学生主动探索、解决问题和实践，激发他们的学习兴趣和动机，有助于提高他们的学习效果和竞争力。因此，在体育教学中，教师可以结合实际情况，灵活运用这些教学方法，为学生的全面发展和成长提供更好的支持和保障。

（三）鼓励独立思考和创意实践

鼓励独立思考和创意实践在体育教学中是非常重要的，可以培养学生的创新精神和实践能力，提升他们的综合素质和竞争力。在体育教学中，教师可以通过以下几种方式来鼓励学生的独立思考和创意实践。

首先，教师可以营造一个宽松、开放的学习环境，让学生感到自由和舒适。在这样的环境中，学生更愿意表达自己的想法和观点，展示自己的创意和想象力。其次，赋予学生更多的自主权和决策权。教师可以给予学生更多的自主权和决策权，让他们参与课程设计、活动组织和规则制定等过程。通过这样的参与，学生可以更好地发挥自己的创造力和创新能力，培养独立思考的能力。再次，提供具有挑战性的任务和项目。教师可以设计一些具有挑战性的任务和项目，激发学生的学习兴趣和动力。这些任务和项目可以涉及实际问题的解决、创意作品的设计等，要求学生进行独立思考和创意实践，从而培养他们的创新思维和实践能力。最后，鼓励学生进行自主学习和自主探究也是非常重要的。教师可以引导学生积极主动地进行学习和探索，提供必要的资源和支持，让他们根据自己的兴趣和需求进行学习和实践，培养他们的自主性和创造性。

（四）体验和参与新兴运动项目

体验和参与新兴运动项目对于学生的成长和发展具有重要意义，可以拓展他们的视野，丰富他们的运动经验，培养他们的团队合作精神和创新能力。在体育教育中，教师可以为学生提供多样化的运动项目选择，包括传统项目和新兴项目。通过向学生介绍和展示各种不同的运动项目，激发他们的兴趣和好奇心，促使他们愿意尝试新的运动项目。教师可以组织学生参与新兴运动项目的相关活动和比赛，如举办滑板比赛、攀岩比赛、沙滩排球比赛等。通过这样的活动，学生可以亲身体验新兴运动项目的乐趣和挑战，培养他们的运动技能和团队合作精神。针对某些较为专业或技术性较高的新兴运动项目，教师可以邀请专业教练进行指导，帮助学生掌握基本技能和规则，提高他们的运动水平和竞技能力。教师可以利用校外资源，如体育馆、户外场地等，开展新兴运动项目的体验和参与活动。通过与社会资源的合作，为学生提供更广阔的运动空间和更丰富的体验机会。教师可以鼓励学生自主探索和创新，在体验和参与新兴运动项目的过程中，提出自己的想法和建议，尝试新的运动方式和技巧，发挥自己的创造力和创新能力。

四、创新思维培养的支持与保障

（一）提升教师的创新意识和能力

教师是创新教育的关键推动者，他们的创新意识和能力直接影响着学生的创新思维培养。因此，教师的创新意识和能力提升至关重要。

学校可以组织针对教师的创新教育培训和学习机会，包括参加创新教育研讨会、课程培训、专业发展课程等。这些培训将帮助教师了解最新的教育理念和方法，提高他们的创新意识和能力。鼓励教师分享自己的创新教育实践经验，建立起一个互相学习、共同成长的学习社区。通过分享和交流，教师可以从彼此的经验中汲取灵感和启示，进一步提升自己的创新能力。鼓励教师勇于尝试新的教学方法和策略，并且及时进行反思和总结。通过不断地试验和反思，教师可以发现问题并加以改进，不断提高自己的创新水平。建立创新教育的激励机制，对于表现突出的教师给予奖励和荣誉。这样的激励机制将激发教师的积极性和创造力，进一步推动创新教育的发展。

（二）营造创新氛围与建设创新文化

创新氛围和文化是支持创新思维培养的重要因素，它能够激发学生的创造力和想象力，推动创新教育的深入开展。

鼓励学生自由探索和实践，给予他们充足的时间和空间，让他们发挥想象力和创造力，尝试新的思维方式和解决问题的方法。倡导开放交流的文化氛围，鼓励学生和教师之间的沟通和合作。通过开放的交流平台，学生可以分享自己的想法和创意，获得他人的反馈和建议，进一步完善和发展自己的思维。

学校可以为学生提供专门的创新空间，如创客空间、实验室等，为他们进行创新实践和项目开发提供支持和保障。这些创新空间可以成为学生探索和实验的场所，激发他们的创造力和创新能力。设立创新奖励机制，对于在创新教育中取得突出成绩的学生给予奖励和表彰。这样的奖励机制将激励更多的学生积极参与到创新活动中，推动创新文化的进一步发展。

（三）配备先进的教学设备和辅助系统

先进的教学设备和辅助系统是支持创新思维培养的重要保障，它们可以为教师和学生提供丰富的资源和工具，促进创新教育的开展。

学校应该配备先进的多媒体教学设备，如投影仪、电子白板等，为教师进行创新教学提供便利条件。这些设备可以丰富教学内容和形式，激发学生的学习兴趣和积极性。配备实践工具和设施，如实验室、工作室等，为学生进行实践探索和创新实验提供支持和保障。这些实践工具和设施可以帮助学生将理论知识应用到实际中去，加深对知识的理解和掌握。引入各种创新辅助系统，如在线教育平台、虚拟实验室等，为学生提供更多元化的学习资源和学习方式。这些辅助系统可以拓展学生的学习渠道，丰富学习体验，促进创新思维的培养。

教师创新意识和能力的提升、创新氛围的营造与创新文化的建设，以及先进教学设备和辅助系统的配备，是支持创新思维培养的重要保障。学校应该积极推动这些工作的开展，为学生的全面发展和未来的成功奠定坚实的基础。

第六章 高校体育教学拓展的资源配备与管理

第一节 高校体育教学拓展的场地设施

一、高校体育场地设施的重要性

高校体育场地设施是支撑体育教学活动的重要基础，对于提升教学质量、丰富教学内容以及改善学生体验具有重要的作用。

体育场地设施是体育教学的硬件基础。在高校体育教学过程中，合适的场地设施是保证教学正常进行的基本条件之一。无论是进行体育课程教学、体育比赛还是学生体育锻炼，都需要有足够的场地设施来支持。例如，篮球场、足球场、田径场、游泳池等场地设施，都是体育教学所必需的基本设备。没有适合的场地设施，体育教学将无法开展，学生的体育素养也无法得到有效培养。优质的场地设施不仅可以满足基本的体育教学需求，还能够为教学活动提供更多元化的选择和更丰富的内容。例如，有了专业的篮球场地，教师可以进行更丰富多样的篮球教学内容，如投篮、运球、防守等；有了标准的游泳池，教师可以进行更系统、更专业的游泳教学。因此，优质的场地设施有助于丰富体育教学内容，提升教学的多样性和趣味性。合适的场地设施能够提供良好的教学环境和条件，有利于教师开展教学工作，并为学生提供良好的学习体验。相反，如果场地设施条件较差，如设施老化、损坏或者不足，将会严重影响体育教学的质量和效果，甚至可能造成安全隐患。此外，学生对于体育教学场地设施的感受也直接影响着他们对体育教学的态度和参与度。如果学生在教学过程中感受到场地设施的不便利和不舒适，可能会降低他们的学习积极性和体育兴趣。

二、高校体育场地设施的类型和功能

（一）基本运动场地

体育馆、运动场等是高校体育的基本运动场地。体育馆通常包括室内篮球场、羽毛球场、乒乓球场等，其主要功能是为学生提供室内体育锻炼和比赛的场所。在体育教学中，体育馆可以用于进行各种体育项目的教学活动，如篮球、羽毛球、排球等，为学生提供良好的学习环境和条件。同时，体育馆还可以举办各类体育比赛和活动，如校园运动会、篮球比赛等，丰富学生的校园生活和体育文化。

运动场是另一种常见的高校体育场地设施。运动场通常包括足球场、田径场、网球场等，其主要功能是为学生提供室外体育锻炼和比赛的场所。在体育教学中，运动场可以用于进行足球、田径、网球等项目的教学活动，为学生提供开阔的活动空间和良好的运动环境。同时，运动场还可以举办各类体育比赛和活动，如足球比赛、田径比赛等，促进学生的身心健康和团队合作精神。

（二）专项运动场地

除了体育馆和运动场等基本运动场地外，高校体育场地设施还包括游泳馆、体操馆等专项运动场地，它们在体育教学和学生体育活动中也具有重要的作用。

游泳馆是专门用于进行游泳教学和训练的场所，通常包括标准的游泳池和相应的辅助设施，如更衣室、淋浴间等。游泳馆的建设不仅可以为学生提供良好的游泳环境，还可以促进学生的身体素质和水性技能的培养。在游泳馆进行游泳教学和训练，可以帮助学生掌握正确的游泳技术和安全常识，提高他们的水性和自救能力，为他们的身心健康和安全提供保障。

体操馆是专门用于进行体操教学和训练的场所，通常包括标准的体操场地和相应的器械设备，如单杠、双杠、平衡木等。体操馆的建设可以为学生提供良好的体操训练环境，促进他们的身体柔韧性和协调性的发展。在体操馆进行体操教学和训练，可以帮助学生掌握各种体操动作和技巧，提高他们的身体素质和运动水平，培养他们的勇气和毅力。

除了游泳馆和体操馆外，高校体育专项场地设施还包括篮球馆、羽毛球馆、网球场等各类专项运动场地，它们为学生提供了丰富多样的体育锻炼和比赛场所，满足了不同学生的体育需求和兴趣爱好。这些专项运动场地不仅可以丰富体育教学内容，提高教学效果和学生体验，还可以促进学生的全面发展和身心健康。

（三）体育场馆附属设施

除了体育场馆本身，体育场馆的附属设施也是高校体育教学和体育活动中不可或缺的重要组成部分。这些附属设施的设计和建设，可以为体育教学和体育活动提供更完善的支持和保障。

1. 更衣室和淋浴间

在进行体育教学或体育比赛后，学生需要更换运动服装，并进行清洁舒适的淋浴，以保持身体的清洁和健康。因此，设备完备、布局合理的更衣室和淋浴间是保证学生身心健康和提升体育活动体验的重要条件。

2. 观众席和休息区

在进行体育比赛或赛事时，观众席为观众提供了观赛的场所和位置，使他们能够舒适地观看比赛并为运动员加油助威。而休息区则为运动员和工作人员提供了休息和交流的空间，使他们能够在紧张的比赛和活动中得到充分的休息和放松。

3. 储藏室和器材室

在进行体育教学或体育比赛时，会需要使用各种体育器材和道具，如篮球、足球、排球等，这些器材需要有专门的储藏和管理地点。设备完备、管理规范的储藏室和器材室是保证体育教学和体育比赛顺利进行的重要条件。

学校应该重视这些附属设施的建设和管理，为体育教学和体育活动提供更完善的支持和保障，提高体育教学的质量和学生的体育体验。

三、高校体育场地设施建设的原则

（一）符合高校办学定位和体育教学需求

高校体育场地设施建设直接关系到体育教学质量和学生体育锻炼的效果。在进行体育场地设施建设时，必须遵循一些基本原则，以确保场地设施的建设符合高校的办学定位和体育教学需求。

不同高校的办学定位和教育理念可能存在差异，因此，在进行体育场地设施建设时，必须充分考虑高校的办学定位和教育理念，确保场地设施的建设与高校的整体发展目标和教育理念相一致。例如，一些高水平的综合性大学可能更注重体育科研和竞技比赛，因此在场地设施建设中可能会更加注重专业化和高标准；而一些注重人文教育和全面发展的大学则可能更注重场地设施的普惠性和多功能性，以满足不同学生的体育锻炼需求。

体育教学是场地设施的主要适用对象之一，因此，在进行场地设施建设时，必须充分考虑体育教学的实际需求，确保场地设施能够满足体育教学的各项要求。例如，体育教学通常需要进行多种体育项目的教学活动，因此场地设施需要具备多样化和灵活性，能够满足不同项目的教学需求；同时，体育教学还需要考虑到学生的安全和健康，因此场地设施的安全性和舒适性也是需要重点考虑的因素。

此外，场地设施建设还应充分考虑社会的参与和利益。高校体育场地设施不仅是为学生提供体育教学和体育锻炼的场所，还是社会体育和文化活动的重要场所。因此，在进行场地设施建设时，必须充分考虑社会的参与和利益，确保场地设施能够满足社会各界的需求和利益。例如，体育场地设施的建设应该兼顾学校内部和外部的需求，为学生提供良好的教学和锻炼环境，同时也要为社会提供优质的体育文化服务，促进社会的健康发展和文明进步。

（二）遵循安全、环保和节能理念

体育场地设施的建设必须符合相关的安全标准和规定，确保场地设施的结构稳固、设备完善、操作安全。例如，在体育馆和运动场等基本运动场地的建设中，必须合理设计场地结构，保证场地平整、无障碍物、安全设施齐全，防止学生在运动中发生意外伤害。此外，体育场地设施的维护和管理也至关重要，必须定期检查和维护场地设施，确保其安全性和可靠性。在进行场地设施建设时，必须充分考虑环境保护和资源利用，采取可持续的建设方式和材料，减少对环境的影响。例如，可以采用环保材料和技术，减少对自然资源的消耗和污染，提高场地设施的资源利用效率和环境适应性。同时，在运营和管理过程中，还可以采取节能减排措施，降低能源消耗和排放，保护生态环境和改善空气质量。在体育场地设施的设计、建设和运营过程中，必须注重节能和资源节约，减少能源消耗和浪费。例如，可以采用节能设备和技术，提高设施的能源利用效率；可以合理规划场地布局，减少能源浪费和不必要的能源消耗；还可以加强能源管理和监控，提高能源利用效率和节能意识，实现能源的可持续利用。

（三）体现实用性、多功能性和可扩展性

体育场地设施必须具备实用性，能够满足体育教学和学生体育活动的实际需求。例如，体育场馆和运动场等基本运动场地的建设必须符合相应的标准和规范，保证场地设施能够安全、顺畅地进行体育教学和比赛活动。此外，场地设施的布局和设计也必须充分考虑到实际使用需求，合理划分空间，确保设施的功能完备、操作方便。体育场地设施不仅仅是用于体育教学和比赛活动的场所，还应该具备一定的多功能性，能够满足不同类型的体育活动和文化活动的需求。例如，体育馆和运动场等基本运动场地可以进行多种体育项目的教学和比赛活动，还可以举办文艺演出、庆典活动等文化活动，实现场地设施的多功能化利用。

随着高校的发展和需求变化，体育场地设施可能需要进行扩建或升级，以满足不断增长的体育教学和体育活动需求。因此，在进行场地设施建设时，必须考虑到设施的可扩展性，合理规划场地布局和空间结构，为未来的扩建和升级留下足够的余地和空间。

四、高校体育场地的建设与运用维护

（一）高校体育场地设施的规划与布局

高校体育场地设施的规划与布局是确保场地设施能够有效利用校园资源、满足体育教学和活动需求的关键。在规划与布局时，需要考虑合理利用校园空间资源、合适的区位选择以及各类场地设施的合理组合与配置。

校园的空间资源是有限的，因此在规划体育场地设施时，必须充分考虑校园的整体布局和空间利用状况，合理确定场地设施的位置和分布。可以通过对校园空间资源进行充分调研和评估，确定最适合建设体育场地设施的区域和位置，确保场地设施能够充分利用校园空间资源，最大限度地满足体育教学和活动需求。

校园内不同区域的地形、环境和交通条件各不相同，因此在选择场地设施的区位时，必须充分考虑周围环境和交通便利性，选择对学生和教职员工都方便到达的地点。同时，还需要考虑场地设施与其他校园建筑和设施的协调性和

统一性，确保场地设施能够与校园其他部分有机结合，形成一个完整的校园体育空间。

不同类型的体育项目需要不同类型的场地设施支持，因此在规划与布局时，必须根据体育教学和活动的实际需求，合理配置各类场地设施，确保能够满足不同项目的教学和活动需求。例如，可以根据体育项目的特点和需求，合理配置田径场、篮球场、足球场、网球场等各类场地设施，形成一个完整、多样的体育场地设施体系，满足学生和教职员工的体育教学和活动需求。

（二）高校体育场地设施的运营管理

高校体育场地设施的运营管理是确保场地设施能够长期稳定运行、发挥最大效益的关键。在进行运营管理时，需要建立健全的管理制度、加强设施的维护保养以及实施设施的共享和对外开放。

管理制度是规范和约束场地设施运营管理行为的重要依据，可以明确管理责任、规范管理流程、保障管理效率。例如，可以建立场地设施使用管理规定，明确场地使用的流程、条件和标准，规范场地设施的预约、借用和使用行为；同时，还可以建立场地设施安全管理制度、维护保养管理制度等，确保场地设施运营管理的安全性和有效性。加强场地设施的日常维护与保养是保障场地设施长期稳定运行的重要措施。场地设施的维护保养工作包括定期检查、清洁、修缮、更新等，旨在保持场地设施的良好状态、延长使用寿命，确保学生和教职员工的安全和健康。例如，可以建立定期巡查和检修制度，对场地设施进行定期检查和维护，及时发现和处理设施存在的问题和隐患，确保场地设施的安全和稳定运行。实施场地设施的共享和对外开放是充分发挥场地设施效益、提高资源利用效率的重要途径。通过实施共享和对外开放政策，可以最大限度地拓展场地设施的使用范围和服务对象，为学生、教职员工和社会各界提供更广泛的体育教学和体育活动服务。例如，可以将校园体育场地设施向社会开放，举办体育赛事、健身活动等，满足社会各界的体育需求；同时，还可以与社会体育机构和企业合作，共享场地设施资源，提高资源利用效率和经济效益。

（三）高校体育场地设施的更新与拓展

高校体育场地设施的更新与拓展是确保设施始终保持优质状态，满足学校体育教学和体育活动需求的重要措施。在进行更新与拓展时，需要持续跟踪体育运动项目的发展动向、评估现有场地设施的使用情况，并制定相应的更新改造计划。

随着体育运动项目的发展和变化，可能会出现新的体育项目或者原有项目的变革和更新，因此需要密切关注体育运动领域的最新动态和趋势。通过与国内外体育领域的专家学者、体育组织和机构进行交流和合作，了解各种体育项目的发展趋势和需求，为更新与拓展提供科学依据和指导。通过对现有场地设施的使用情况进行全面评估和分析，可以了解设施的运行状况、使用频率、存在的问题和需求等方面的情况。可以通过调查问卷、实地考察、专家评估等方式，收集学生、教师和工作人员的意见和建议，了解他们对场地设施的满意度和需求，为制定更新与拓展计划提供依据和参考。根据对体育运动项目发展动向和现有场地设施使用情况的分析和评估，可以制定相应的更新改造计划，确定更新与拓展的具体目标、内容和时间表。例如，可以根据体育项目的发展需求和学校的实际情况，确定更新和改造现有场地设施的项目和内容，也可以拟定新建场地设施的计划和方案，以满足不断增长的体育教学和活动需求。

（四）高校体育场地设施建设的资金保障

高校体育场地设施建设的资金保障是确保项目顺利进行、设施质量得到保障的重要保障措施。为此，可以通过多种途径来获取资金支持，包括高校财政专项投入、引入社会资金（如捐赠、赞助等）以及探索场地设施资产盘活途径。

高校在编制年度预算时，可以将体育场地设施建设列入财政专项资金支出计划中，并向财政部门提出申请，争取专项资金支持。通过高校自身的财政预算拨款，可以保障体育场地设施建设项目的基本资金需求，确保项目能够顺利进行。高校可以通过开展捐赠、赞助等活动，吸引社会各界的资金支持。例如，可以向校友、企业、社会团体等发起捐赠活动，募集资金用于体育场地设施建设；同时，还可以与企业合作，开展场地设施的赞助项目，吸引企业投资，共同推动项目的实施。高校还可以通过合理利用已有场地设施资源，探索资产盘活的途径，实现资金的自我循环和增值。例如，可以租赁闲置的场地设施用于商业活动或社会组织活动，获取租金收入。

第二节　高校体育教学拓展的信息资源

一、高校体育教学信息资源概述

（一）信息资源的定义和分类

信息资源是指用于获取信息的各种载体及其所承载的信息内容，可细分为文字、图像、声音、视频等不同形式和类型。在信息时代，信息资源已经成为人类赖以生存和发展的重要资源。根据信息资源的形态和性质，可以将其分为以下几类：

1. 文字资源

文字资源是信息资源中最为传统和基础的一种形式。它包括书籍、期刊、报纸、文献、论文等以文字为主要表现形式的资源。文字资源承载着丰富的知识和信息，是人类文明的积淀和传承的重要载体。

2. 图像资源

图像资源是以视觉形式呈现的信息资源。这包括各种图片、图案、地图、图表等视觉信息资源。图像资源通过视觉感知，能够直观地传递信息，为人们理解和认知世界提供了重要的支持。

3. 声音资源

声音资源是以声音为载体的信息资源，包括音频、有声读物、音乐作品等。声音资源通过听觉传达信息，具有生动、形象的特点，常被用于教育、娱乐和传媒等领域。

4. 视觉资源

视频资源是以影像为主的信息资源，包括影视作品、教学视频、多媒体动画等。视频资源结合了图像和声音，能够提供更加直观、生动的信息呈现，是现代多媒体时代的重要组成部分。

5. 数字资源

数字资源是以数字化形式存在的信息资源，包括软件、数据库、网络资源等。数字化的特点使得这些资源更易于存储、传输和处理，为信息化社会的发展提供了强大支撑。

6. 实物资源

实物资源指能直接为人类所感知和利用的自然实物资源。虽然它们不是以信息形式存在，但在信息获取和利用过程中，仍然发挥着重要的作用，如实验材料、实物展示等。

（二）高校体育教学信息资源的重要性

在当代高校教育教学中，信息资源的重要性日益凸显，特别是在体育教学领域，优质的信息资源对提高教学质量至关重要。

丰富的文字、图像、视频等资源为教师的备课和学生的学习提供了宝贵资料。教师可以借助这些资源设计生动有趣的教学内容，而学生则可以通过自主学习丰富自己的知识。信息资源的运用推动了体育教学模式和手段的创新。采用多媒体、虚拟仿真等新兴信息技术手段，可以创造出身临其境的场景化、情景化教学，提升教学的直观性和实践性，激发学生的学习兴趣和积极性。通过图书、视频、网络等多种渠道广泛普及体育健康知识，可以更好地推动全民健身，促进国家体育事业的发展，培养健康的生活方式。信息资源是高校体育科学研究的重要基础。研究人员可以借助各类文献资料、数据资源等信息源头，开展理论探索和实证分析，为体育科学的发展做出贡献。基于大数据分析、教学信息化等手段，可以有效检视教学过程，发现问题并作出改进，提高体育教学水平，促进教学质量的持续提升。

（三）高校体育教学信息资源的特点

与普通教学信息资源相比，高校体育教学信息资源具有自身的一些独特特征：

1. 形式多样

体育教学涉及理论和实践两个方面，因此所需的资源形式也多样化。除了文字、图像等基础资源外，还需要大量的实物、模型等直观教具，以及视频等多媒体资源的支持。这种多样性使得体育教学信息资源更具体现实性和操作性。

2. 主体多元

体育教学的资源生产者和使用者涵盖了多个主体群体，不仅包括教师和学生，还有运动员、教练员、科研人员等。这些不同主体的参与使得体育教学资源更具有多元性和丰富性。

3. 更新快捷

体育理论和技术手段在不断创新演进，因此新的资源内容需要不断补充和更新。相比其他学科，体育教学资源的更新速度更快，需要及时跟进最新的科研成果和技术发展。

4. 价值层次

体育资源不仅具有知识传播的功能，更蕴含着独特的教育价值和文化价值。通过体育教学信息资源，可以潜移默化地影响师生的体育意识和健康生活方式，促进身心健康的全面发展。

5. 应用场景

体育教学资源的生产和使用紧密契合实际教学场景需求，呈现出较强的任务驱动和实践应用特征。这些资源更加注重实践操作和场景模拟，有助于提升学生的实际动手能力和应对复杂情境的能力。

二、高校体育教学数字资源库建设

面对信息时代的到来，数字化已成为教育信息资源建设的大势所趋。构建高质量的数字资源库，对于推动体育教学改革、提升教学质量意义重大。高校应该将数字资源库建设作为一项重点工作来抓实抓好。

（一）数字资源库的构成和功能

高校体育教学数字资源库是以数字化方式系统收集、存储和管理各类体育教学资源的专门平台。它囊括了文字、图像、音视频、虚拟仿真等多种资源形态，涵盖理论知识、技术指导、教学案例、科研成果等丰富内容。

如图 6-1 所示，一个完整的数字资源库一般由以下几个模块构成。

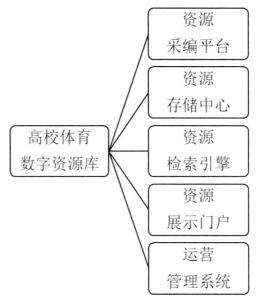

图 6-1　高校数字资源库

资源采编平台：用于教师、专家将自有资源上传到库中，进行编目加工处理。

资源存储中心：提供高性能、高容量的数据存储和备份功能，确保资源安全可靠。

资源检索引擎：具备智能化的分类检索和全文检索能力，方便用户快速精准地获取所需资源。

资源展示门户：以网站或 APP 的形式为用户提供友好的资源浏览、下载和在线学习体验。

运营管理系统：实现资源的统一调度、维护和权限管控，保证库内资源动态更新。

一个先进的数字资源库系统，不仅具备资源集成和服务的基本功能，更应该为用户提供个性化、智能化的增值服务。比如支持用户自主搭建个性化的学习资源库；能够根据用户身份和使用习惯进行精准推送；集成在线教学工具，辅助师生及时互动交流；可将课程、习题、测试等功能有机整合，打造一站式教学服务平台。

（二）资源库内容的开发和采集

资源内容建设是数字资源库的核心所在。要想建成一个内容丰富、特色鲜明的优质资源库，必须从多渠道采集优质内容，并进行专业开发加工，形成系统化资源体系。

校内自主开发是指高校体育教学机构根据自身需求和特点，利用内部资源和优势，进行教学资源的设计、制作和开发。这种方式能够更好地满足学校的教学需求，提高教学质量。教师根据教学内容和学生特点，可以自主设计和制作课程材料。这些材料可以是课件、教案、实验手册等，能够更加贴近教学实际，提高学生的学习效果。学校可以吸引体育教育领域的专家学者加入资源开发团队，重点开发精品资源和特色课程资源。这些资源可以是教学视频、案例分析、学术论文等，具有较高的学术水平和教学实用性。学校可以利用自身的体育专业优势，组织力量开发具有代表性的科研成果和项目资源。这些资源可以是科研成果报告、项目实施方案、实验数据等，有助于提升学校的学术声誉和教学水平。

校外资源引进是指学校主动与外部高水平体育院校、社团等机构合作，引进其专业资源，丰富学校的教学资源库。学校可以与其他高水平的体育院校、社团等机构建立合作关系，共享教学资源。这些机构可以提供丰富多样的教学资源，包括教学视频、案例分析、教学实践经验等。学校可以积极参与各类体育出版物、影视作品的数字存储与分发项目。这些出版物和影视作品包含了丰富的教学资源，通过数字化存储和分发，可以更好地服务于教学工作。学校可以积极争取获取国内优质的体育教育资源，包括教学课件、教学视频、教材教辅等。这些资源可以为学校的教学工作提供重要支持和帮助。

数字化加工处理是指将实物或传统载体中的资源进行数字化处理，以便更好地进行管理、存储和利用。利用数字化扫描仪、图像视频捕捉等手段，对实物或传统载体中的资源进行数字化采集。这些资源可以是教学资料、教学设备、实验器材等，通过数字化采集，可以将其转换为电子文档或多媒体文件。由专业人员对数字化资源进行编目加工，包括文件整理、数据标引、内容描述等。这些加工工作有助于更好地组织和管理资源，提高资源的利用效率。

资源内容再创作是指在遵循知识产权的前提下，对现有资源内容进行解构和重组，产生更符合课程体系和时代要求的新型资源。

教师和专家可以对现有资源进行汇编整理，提炼其中的精华内容。这些内容可以结合课程要求和学生需求，重新组织编排，形成新的教学资源。针对现有资源的内容和形式，进行分解拆解，并根据教学实际需要，重新组合成适合的形式和内容。这种再创作方式可以使资源更加贴近教学实际，提高教学效果。通过以上措施的综合应用，学校可以更好地开发和利用体育教学信息资源，提升教学质量，促进学生全面发展。

在资源建设过程中，要注重资源质量的把控。不仅要权威专业，还要符合课程体系要求，切实为教学服务。同时要重视资源内容的时效性，及时淘汰陈旧资源，不断注入新鲜血液。

（三）数字资源的组织管理和更新机制

组织管理是确保数字资源库高效运转和持续建设的关键。要注重资源的系统化分类管理，构建清晰的资源结构体系，助力教师和学生精准获取所需；要配置完善的检索机制，包括基于课程体系的分类检索和语义化全文检索；要注重知识产权管理，合理界定资源所有权和使用权限。更新机制的建立对资源库的持续良性发展也至关重要。一方面要构建规范化的资源更新审核流程，包括新资源评审、老资源置换、时效性审核等环节，确保资源内容的科学性和先进性；另一方面也要建立资源质量追溯反馈系统，主动收集教师和学生的使用反馈，并形成持续迭代优化的机制。为确保更新机制的顺利实施，可遵循以下策略：由资深的体育专家学者、教学骨干、资源建设技术人员组成、统筹规划和实施资源建设、更新、维护等全流程。适当向贡献优质资源的教师和专家给予物质或荣誉奖励，调动参与资源建设的主动性。体育数字资源库建设是一个较为资金密集的系统工程，需要学校给予专项经费支持，并制定相应的资金使用管理办法。通过人工智能、大数据等新技术手段，实现资源采集、质量评估、存储管理、推送应用的自动化和智能化，提升管理效率。采取多种形式积极向师生推广宣传数字资源库，提升教学应用水平，实现资源建设与应用使用的良性循环。

打造高质量的体育数字资源库绝非一蹴而就，需要持之以恒的投入和精心组织实施。只有将资源库建设作为重点工程来抓，同时完善管理机制、创新管理手段，才能不断优化和充实资源内容，让这一宝贵资源真正服务和惠及广大师生，助力体育教学事业蓬勃发展。

三、高校体育教学网络平台建设

（一）网络教学平台的作用和功能

高校体育教学网络平台是指为师生提供网络化教学服务的综合性在线平台，它融合了诸多先进功能，主要作用有以下几点：首先，它打破了时空限制，实现了教学资源的网络化共享。无论是教师精心准备的课件、教学录像，还是图书、视频等多元资源，均可通过平台高效获取和利用，教与学不再受制于特定场地或时间。其次，网络平台为体育教学提供了全新的教学模式和方法支撑。通过平台，教师可灵活开展翻转课堂、在线课堂、混合式教学等多种形式，精准把控教学节奏；学生也可自主选择线上学习路径，按需获取个性化服务。再次，平台拓宽了师生互动的渠道，营造了更加开放、互动、协作的教学氛围。教师和学生均可借助平台提出问题、解答疑惑、分享心得，实现了实时在线交流。平台的讨论区、协作区等也为课程研讨和小组学习创造了条件。最后，网络平台还为教学评价提供了数字化支撑。教师可以基于平台数据，对学生的学习行为、考核成绩进行跟踪分析；学生也能清晰地了解自己的学习表现，有利于自我评价和改进。

总之，高校体育教学网络平台承担着资源共享、教学创新、互动交流和数据分析等多重重要职能。通过平台，可以全面优化体育教学的组织方式和实施路径，推动体育教学模式与手段的现代化转型。

（二）平台内容设计和优化

课程资源是网络平台的基础内容。高校要系统规划，将与体育课堂教学相关的各类资源分门别类地上传到平台，包括课件课程资源、教学实况录像、教学设计案例等直接服务于教师备课和学生自主学习的资源；也包括体育科研文献、教育教学论著、规范示范视频等间接支持教学的资源。同时要注重汲取高质量的网络热门资源，如体育名家名作视频课、优秀体育纪录片等，经过加工整合后推出成为平台特色资源。此外，对于特定的专题内容，可由专家学者精心组稿设计，生产出一系列深受欢迎的专题资源。

教学互动环节是平台的重要组成部分。高校要开发并集成多种便捷高效的在线互动工具，畅通师生、生生之间的互动渠道。比如设置课程问答区，支持学生及时提问并由教师及时解答；开设主题讨论区和小组协作学习区，鼓励学生集体探讨和集体智慧的交流碰撞；引入在线视频会议系统，使教师能随时开展线上面授教学和实时互动答疑等。

通过教学互动，可以最大限度地体现互联网教学"因材施教、个性化定制"的优势，使体育理论教学和技能训练指导更具针对性和实效性，真正让学生在教师的点拨和同伴的支持下遇到疑惑就解，遇到需求就补。

（3）练习测试和在线评价

与教学互动同样重要的是练习测试和在线评价环节。高校应集成多种在线测评工具，支持教师根据课程需求自主命制各类习题和考题，并提供自动批改、成绩统计等功能。充分利用学习过程数据和技术分析手段，对学生的学习行为进行评测，例如对运动技能掌握程度的动作评分，为个性化诊断分析和增值服务提供支持。通过平台的测评功能，教师不仅能够及时了解学习效果和存在的问题，从而调整教学策略，还能引导学生主动加强练习和改正错误，实现教学的相互促进。

四、平台的运营维护和安全管理

网络平台的有序高效运营离不开规范化的运营维护和安全管理。首先，要制定明确的网络教学资源发布和质量审核流程，确保资源内容的科学性和适用性。平台上的各类资源均需由专业人员把关审核，并及时对失效、过时资源进行更新或清理。其次，要配备专业的技术运维团队，制定完善的系统维护和安全管理方案，保证平台软硬件设施的持续稳定运行，及时应对各类技术问题。同时要加强系统风险评估，构建防火墙、加密认证等多层安全防护体系，避免病毒入侵或恶意攻击。再次，要制定相关的制度规范，如教师教学行为规范、学生网络学习纪律要求等，营造优良的网络教学环境。同时规范平台的管理职责和权限机制，明确各个部门和岗位的分工。对于系统重大决策和方案修订等，须有完善的审批和异议通道。高校还需特别注重个人隐私和信息安全保护。要对平台用户、学习记录等敏感信息进行权限划分和加密，严格控制外部访问和操作。同时要搭建统一身份认证系统，与学校其他管理系统对接打通，实现学习记录和学籍档案的无缝整合。

总之，高校网络教学平台的建设和运营绝非一劳永逸，而是需要长期持续投入和完善优化的过程。唯有将内容设计、运维管理和安全防护有机结合、相互衔接，平台功能才能得以充分发挥，为师生创造高质量的网络学习体验。

五、高校体育教学信息资源共享与开放

（一）资源共享的意义和机制

体育教学资源的共享与开放，是实现优质资源公平共赢、提升教育资源利用效率的关键途径。它的意义不仅在于消除资源的重复建设，避免资源的重复浪费；更重要的是促进高校之间资源整合共享，实现优势互补，让优秀资源惠及更多师生。

要推进资源共享，必须建立科学的共享机制。一是在制度层面上，高校须制定资源共享的相关管理办法，明确共享原则、流程、权益分配等规范；二是在技术层面上，需构建基于互联网的资源发布和传输通路，建立统一的元数据标准和共享协议规范；三是在保障层面上，应设立资源共享的组织机构，统筹协调跨校资源征集和利用工作。高校还要推动资源获取和使用的便利化。一方面，要构建精准高效的资源发现和检索机制，为用户个性化推荐满足需求的资源；另一方面，要努力实现无缝链接，最大限度消除资源来源、体系、格式等差异带来的使用障碍。

（二）跨校际资源共享协作平台

为加强高校体育教学资源整合和优化配置，高校迫切需要一个跨校际的资源共享协作平台。这一平台应该具备以下几方面功能：

1.统一资源库入口

通过统一门户入口，汇集和管理各校上传的各类资源，实现一站式获取。

2.分布式资源发布和存储

资源发布和存储采用分布式模式，由各校自主建设本地节点存储库，节点间自动同步对等共享。

3.统一资源编目与检索

制定统一的资源元数据标准，标准化资源描述、支持个性化检索和推荐。

4. 资源版权保护与使用审计

设立资源版权和使用权限管控机制，可追溯资源共享使用行为。

5. 资源加工与再创作工具

集成常用的资源加工处理工具，支持二次编辑和创作生成新的衍生资源。

除了提供基本的资源服务功能，这一协作平台还可以开发学习社区、虚拟教学实训室等复合应用，成为整合高校教学科研各类要素的综合性服务平台。

（三）资源开放获取和版权保护

资源共享和开放虽有分别，但两者相辅相成，共享是开放的基础，开放则是共享的更高形式。资源的有度开放可最大限度发挥其价值，使高校体育教学资源真正成为全社会共享的公共产品。随着开放教育资源（OER）理念在国内外的不断推广，不少高校已将旗下大量体育专业课程、教材等资源进行了开放共享。然而，受到技术和政策层面的种种制约，我国普通高校资源面向社会公众的开放程度仍有待提升。高校要强化顶层设计，加快推进面向社会公众的资源开放服务平台建设，为高校与社会公众间资源流动创造有利条件。此类平台须具备开放性、易用性、社区性、可持续性等特征。

开放性即向社会公众无偿免费开放高校体育资源，并提供便捷的资源获取通路，消除使用障碍。易用性是指平台界面友好，资源组织合理，支持分类浏览、检索和个性化推荐，方便获取所需资源。社区性则指平台要集成讨论区、评论区等社交工具，形成积极的资源共建共享社区，提供在线辅导答疑等增值服务。可持续性旨在建立资源不断更新的长效机制，持续补充优质新资源；设立资金保障方案，维护平台持续运行。

资源开放也需要重视知识产权的保护，对参与开放资源的编制单位和个人给予足够的知识权利回报。要建立版权留存与共享机制，明确资源权益归属；采用开放获取许可证制度，规范资源使用行为，避免盲目扩散和过度商业化利用等问题。

高校体育教学资源的共享与开放，不仅是促进资源优化配置的现实需求，更蕴含着教育公平正义的理念追求。高校要立足服务师生的宗旨，以更加包容和开放的思维积极推进，最终使优质资源不再"私有化"和"区域化"，真正实现资源惠及千家万户、造福全社会的美好愿景。

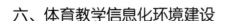

六、体育教学信息化环境建设

（一）校园网络基础设施建设

校园网络是体育教学信息化的基础支撑，只有构建高速、稳定、安全的校园网络基础设施，才能为各类信息化应用提供有力保障。因此，高校要持续加大网络基础设施的建设力度。

不断扩充校园网出入口带宽，满足日益增长的网络接入需求。同时加强校园骨干网和各分支接入网的带宽扩容，消除带宽瓶颈，确保网络通信的高速稳定。及时更新路由器、交换机等网络核心设备，持续提升网络转发能力和流量承载水平，保证数据传输的高效性。合理规划校园网络架构，采用二层三层交换等先进技术，简化网络拓扑层次，提高可靠性和可管理性。部署入侵防御、病毒查杀等网络安全设备，建立实时监控和应急响应机制，全方位守护网络安全。

（二）多媒体教室和智能化体育场馆

随着多媒体与网络技术在体育教学中的广泛应用，多媒体教室和智能化体育场馆的建设则成为信息化环境建设的重中之重。

多媒体教室包括理论教室和多媒体视频展示室两大类。理论教室须配置投影仪、电子白板、音视频设备等多媒体硬件，实现图文并茂的多感官教学；展示室则需具备大屏幕投影、虚拟仿真等系统，用于实战示范和虚拟实训。以大型体育馆为代表，需要融入先进的视频采集分析系统、智能识别系统等技术设施，实现运动员动作的捕捉与评测、比赛过程数字化直播和后期处理等。此外，体育场也应引入大屏幕显示、语音播放等辅助设施，营造智能化氛围。无论多媒体教室还是智能场馆，都需要可靠的有线无线网络系统提供数据传输保障，以及集中控制管理平台，保证各类设施设备的高效协同。

（三）无线网络覆盖和移动终端应用

无线网络是体育教学信息化不可或缺的重要支撑环境。当前，高校要重点推进以下几个方面：不断增加校园各区域无线接入点的覆盖密度，确保室内外无死角接入，特别是要将无线网络扩展铺设到各类体育馆馆场所。应用更先进的无线传输技术，提升频谱利用效率和并发用户承载能力。在师生中大力推广智能手机、平板电脑等移动智能终端的使用，为移动教学应用创造基础条件。重点开发手机 APP、微信小程序等移动平台体育教学应用，提供课程资源查阅、线上互动、场景指导和考核评价等各类移动服务。通过设置防火墙、加密认证、病毒查杀等多重措施，确保移动网络及终端使用的安全可靠，防范病毒入侵、数据泄露等隐患。

总之，只有从基础设施、软硬件设备、应用系统等各个层面同步发力，构建完备的网络环境体系，才能为体育教学信息化提供坚实的基础支撑。未来，高校体育场馆等教学区域无疑将向智能化、移动化、开放化不断迈进，高校必须提前谋划布局，为师生打造富有活力、高度整合的全新信息化教学体验环境。

第三节　高校体育教学拓展的经费管理

一、高校体育教学拓展经费的重要性

体育教学是人才培养的重要环节，其发展水平直接关乎学生的综合素质和身心健康。而教学经费则是保障体育教学拓展的重要物质基础，是实现体育人才培养目标的关键支撑。因此，高校必须清醒认识到经费在体育教学中的重要作用，并从投入规模、管理机制等多方面加大经费保障力度。

（一）经费是体育教学拓展的物质基础

经费投入水平决定了体育教学的发展空间。丰裕的经费不仅能为体育师资队伍建设、场馆设施建造等提供坚实支撑，还能为体育课程设置、教学活动开展等提供源源不断的动力。相反，如果经费紧缺，将极大制约体育教学事业的拓展步伐。拿场地设施来说，教学质量的高低在很大程度上取决于场地条件的好坏。高水平的体育馆、田径场等专业设施需要大量经费投入建设和维护，缺乏充足的经费支持，难免影响硬件保障。再如师资力量建设，引进高水平的教学科研人才往往需要较高的薪酬待遇，如果经费无法满足，将无法吸引和留住优秀人才。经费投入还关乎教学活动的开展质量。一些实践性教学环节如户外训练、体育游园会等都需要投入不菲的活动经费，缺少经费支持很难开展这些拓展性的教育教学活动。可见，经费无疑是教学事业拓展的重要物质基础。

（二）合理的经费投入对保证教学质量至关重要

合理的经费投入不仅是教学拓展的前提，更是教学质量保障的关键。缺乏充足的经费投入，将直接影响到教学硬件和软件的配备水平，必将拖累教学质量。就硬件而言，硬件设施建设离不开大笔资金投入，如果资金短缺、配套设施跟不上，将影响教学内容的呈现形式和教学质量。举例来说，临床医学课程需要大量精密仪器设备，理工科专业课程需要先进实验室，体育课程也需要标准运动场馆设施，如果因资金不足而无法配备这些教学硬件，将极大制约课程质量。

除了硬件之外，师资力量培养也需要可观的经费支持。优秀的教学人才对于提高教学质量至关重要，然而高水平人才的培养和引进都需要投入大量经费。比如，高校需要为教师提供培训进修、参与学术交流的机会，这需要投入经费支持；高校还需要向高水平教师提供相应的工资待遇，以吸引和留住人才。可见，经费投入不足将导致师资力量建设滞后。

（三）科学的经费管理有助于提高经费使用效益

光有经费投入还不够，更重要的是要建立科学的经费管理机制，确保有限的经费发挥最大效用。经费虽属于体育教学发展的"植物营养液"，但如果滥用和浪费，仍难以促进教学事业蓬勃发展。高校要建立健全经费管理制度，对经费的筹措、分配、使用等全流程环节加以规范，从制度层面堵塞经费"跑冒滴漏"的漏洞。比如，科学制定经费使用标准，按体育教学事业的重点给予经费倾斜；建立财务监督考核机制，防止资金遭到滥用和挪用；健全经费使用报账制度，规范报销流程，加强经费使用的透明度。此外，高校还需定期开展财务审计，从源头上杜绝各种经济违法违规行为，切实维护资金安全。除了完善现有管理制度，另一个提高经费使用效益的重要举措就是加强信息化手段在经费管理中的应用。高校要建立财务管理信息系统，对经费使用全程留痕，实现动态监管。同时利用大数据分析，对经费使用过程中的数据进行统计分析，优化经费配比，避免资金分配不均。利用云计算等技术，及时分享经费使用信息，提高决策的科学性。此外，信息化手段还能为监督检查提供便利，使经费审计事半功倍。

良好的科学管理是经费发挥应有价值的重要保障。高校要从管理理念、制度建设、信息化应用等全方位发力，提高经费使用效益，为体育教学高质量发展赢得宝贵的经费支持。

二、高校体育教学拓展经费的来源

经费是体育教学事业发展的重要支撑，关系到教学质量和人才培养水平。随着体育教学改革不断深入，经费需求与日俱增，单一的经费来源已难以满足发展需要。因此，高校必须积极拓宽经费渠道，努力实现多元化经费来源，为体育教学插上腾飞的翅膀。

（一）高校财政拨款

财政拨款作为体育教学经费的主要来源渠道，其投入力度直接决定了教学条件的改善程度。近年来，国家不断加大对教育的财政投入力度，体育教育作为人才培养的重要组成部分，理应积极参与。高校要积极会同主管部门，多方努力争取财政拨款支持。一方面要科学编制预算，合理测算需求；另一方面要制定符合实际、切合实际的体育教学发展规划，为经费需求奠定合理依据。与此同时，还要加强与财政等部门的沟通协调，阐述体育教育的重要性，努力使体育教学投入纳入财政预算。此外，高校还需关注国家出台的各项政策，准确把握支持体育发展的政策利好，积极申报项目资金。

（二）教育事业收费

除了财政资金注入外，教育事业收费也是拓展体育教学经费的重要渠道。按照现行政策，学费收入等教育收费收入具有一定的费用使用自主权，可在一定范围内用于体育教学投入。

（三）社会捐赠和赞助

社会力量是拓展体育教学经费的重要补充。高校应大力营造良好社会氛围，积极吸纳社会资源，主动与社会各界开展合作，努力为体育教学事业引入新的资金来源。具体来说，高校可以开展面向社会的体育公益活动，提升社会知名度，吸引社会捐资支持；也可以邀请体育界知名人士担任形象大使，为体育教学事业代言募捐。同时，高校还可与热心体育事业的企业或个人建立长期合作关系，寻求体育场馆或项目的冠名赞助，鼓励社会力量设立体育专项基金等。

为了规范管理社会捐赠行为，避免发生违规违纪行为，高校需要建立健全管理制度，明确捐赠者权益，规范使用途径。同时高校还要探索募捐新模式，发挥新媒体的作用，通过官方网络平台、线上直播互动等形式吸引线上捐赠，扩大捐赠渠道的覆盖面。

（四）体育服务和场地租赁收入

高校在重视体育人才培养的同时，也要注重体育服务能力建设，将服务收入转化为办学经费的支持。当然，开展服务必须坚持教书和育人并重，防止过度市场化、商业化。而且，服务内容和收费价格都要合理合法，维护高校良好形象和社会公信力。

多元化经费来源渠道是可喜的现象，既有利于经费筹集，也能激发高校办学活力。但任何经费来源都必须遵循合法合规的原则，始终坚持教育公益属性，切忌过度追求经济利益而背离育人初心。

三、高校体育教学拓展经费的管理

（一）高校体育教学拓展经费的编制和审批

经费预算编制是财务管理工作的重中之重，直接决定着资金的分配使用效率。对于体育教学经费而言，科学合理的预算编制尤为关键，需要遵循一定原则和程序，并根据不同经费类别采取不同编制方法，从而提高经费使用的精准度。

经费预算编制首先要坚持以下原则：真实性原则、合理性原则、科学性原则。真实性原则要求预算数据真实可信，不得有任何虚构和夸大成分，需要充分调研掌握各项支出的实际需求；合理性原则则需要将有限资金合理分配到最需要的领域，避免过度投入或滥用浪费；科学性原则要求预算编制方法科学规范，编制过程要符合财务管理基本要求。

在遵循这些原则基础上，经费预算编制一般需要履行以下程序：

第一步，成立预算编制工作小组，集中优势力量组织预算编制；

第二步，开展需求调研，广泛征求师生以及相关部门对经费需求的反馈建议；

第三步，根据体育教学发展总体规划，科学测算当年所需经费额度；

第四步，编制初步预算方案并广泛征求意见，在充分沟通协调的基础上形成决策稿；

第五步，报批审阅，通过校内决策程序获得最终审批；

第六步，建立动态调整机制，结合实际执行情况及时调整预算。

体育教学经费种类繁多，包括基本支出预算、项目支出预算、事业单位经营支出预算等，不同类别经费的编制方法也不尽相同。基本支出预算主要是用于维持正常的教学运转，支出相对刚性，在编制时可以采用增量法，即在上年实际支出数的基础上，根据工资调整、物价上涨等因素进行适当调增。项目支出预算则根据具体项目需求测算。比如新增体育课程项目，可根据所需师资力量、设备投入等制定详细预算方案。对于易受外界因素影响的项目，还需留有合理弹性空间。事业单位经营支出预算是为了开展体育培训、赛事服务等经营活动而编制的。这类预算需结合市场预期，科学估算收支平衡点，实现经营性收支相抵。

经费预算编制完成后，需经过严格的审批程序。通常是先由学校体育部门内部审核把关，再上报学校财务处和相关职能部门审批；重大项目经费预算还需报主管教育部门最终审定。审批时需着重审核预算的合理性、科学性以及与学校整体发展战略的契合度，如发现问题需及时反馈并进行调整完善。与此同时，高校还要建立健全经费预算的动态调整机制。预算虽编制审慎，但在执行过程中难免会出现一些无法预料的变化，需要根据实际情况及时调整。比如教学活动临时增加或体育赛事提前启动，都需要追加经费投入；如果预算编制时测算数据存在偏差或物价水平发生变化，也需要进行调整。

调整一般遵循严格的流程，须由相关部门提出合理理由，受理后经过充分论证和评估，最终由分管校领导或专门机构审定通过。权力和责任要严格制衡，避免出现滥用和随意调整的情况。总的来说，动态调整机制为执行预算留有必要余地，同时也给预算工作保留了调节空间，从而最大限度提高预算的科学性。

（二）高校体育教学拓展经费的管理和使用

经费预算编制完成后，下一步就是要将经费落到实处，确保资金按计划用于体育教学事业的发展。这就需要建立健全经费管理和使用的各项制度，加强监督约束，提高经费使用的规范性和透明度，从而最大限度发挥经费的效用。

经费的管理使用必须有章可循。高校需要制定完善的管理制度，对经费使用的各个环节作出明确规范，构建决策科学、程序规范、监管到位的管理体系。首先是明确经费使用的审批权限。高校应依据国家相关法律法规，结合学校实际情况，科学合理地设置经费使用的审批层级。一般而言，小额经费使用可以授权给职能部门或项目负责人审批；较大额度需由分管校领导或专门机构集体决策；重大经费开支则需经过学校最高决策层审议通过。同时，权力对应的是责任，相关审批人员要为资金使用的合法合规性负责。其次是规范经费支出程序。按照控制原则和风险管控要求，高校应围绕采购招投标、付款报账、资金拨付等关键环节建立标准化流程，防止出现失控和违规情况。要科学设置报销手续，规范计量单位、计量方法和计量标准，避免发生违规报销问题。针对不同的开支项目，还可以采取不同的支付方式，如现金支付、银行转账、专款专用等，强化资金使用的可追溯性。

再次是加强全过程的风险控制。可以通过完善授权审批和岗位分离制度，建立重要环节的双人复核机制，加强事前、事中和事后全过程的监管，堵塞资金使用中存在的漏洞。制度设计要坚持以制度管人，同时也要注重以德服人，发挥党风廉政建设在经费管理中的重要作用。

制度的执行需要切实有力的监督机制。高校可以从内部和外部两个层面入手，加强对体育经费使用情况的监管。从内部来看，学校审计、财务、纪检监察部门就是重要的监督主体。审计部门要定期或不定期对体育教学经费使用情况进行审计，查找资金使用中存在的违规问题，并及时提出纠偏整改意见。财务部门要加强日常监督检查，及时发现和制止违规行为。纪检监察部门则从维护廉洁自律的角度发挥监督作用。除内部监管，高校还可以积极接受外部监督。比如定期委托社会审计机构进行专项审计，邀请新闻媒体等第三方独立机构进行实地暗访和调查，加入群众的监督视角。同时还要积极吸收行业协会、社会公众的意见建议，广纳监督力量。这些多元主体、多层次的监督将为资金使用制造难以逾越的高压力场。此外，高校还应建立科学的绩效评价体系。要将经费使用绩效与相关人员的工作业绩直接挂钩，实行目标责任制和绩效考核。对于确有贡献且富有创新精神的个人和团队，要给予相应奖励，从而形成经费使用和工作业绩的正向激励。而对于存在违纪违规行为的，要依法依规严肃问责。良性的激励约束机制将有力促进高效规范的资金使用。

公开透明是资金监管的重要原则。高校要主动接受社会各界的监督，充分发挥阳光的杀毒作用。首先要加大经费预算和使用情况的信息公开力度。要通过学校官方网站、内部办公系统、校园公示栏等多种渠道，向社会和师生公开经费预算及决算情况，详细列示拟投入和实际投入的方向、数额及相关说明，并接受社会监督。对于一些重大经费支出情况，还可召开新闻发布会，及时回应社会关切。其次应做好公开透明的制度性安排。制定信息公开管理办法，明确公开的范畴、形式、程序和责任主体，使信息公开有章可循。规定信息公开时限，及时主动公开相关信息，不做选择性公开或拖延公开。制定信息公开查询工作制度，为公众提供信息查询服务。再次要充分发挥新媒体作用。利用校园网、移动应用、微信公众号等新媒体平台，加强与师生的互动交流，及时解答关切并接受监督。探索通过线上直播、访谈等形式，消除公众疑虑，增强公信力。

（三）高校体育教学拓展经费的分配和使用重点

经费是体育教学事业发展的重要支撑，如何科学合理分配使用经费，直接影响到人才培养质量。因此，高校必须从战略高度审视经费投入方向，集中有限资金投放到最需要、最紧迫的领域，真正使经费发挥应有的推动作用。

教学设施和器材是体育教学的物质基础，其完备与否直接决定了体育课程的开设质量。近年来，随着体育课程改革不断深入，对于器材设施的需求也在持续增长。但受经费投入不足的制约，很多高校的体育器材设施还显陈旧落后，严重制约了课程发展。因此，在经费分配使用时，高校必须给予教学设施和器材购置更新足够重视。要每年持续投入一定比例的经费用于购买最新的体育器材，淘汰陈旧、残次的设备。不仅要注重数量的补给，更要重视质量的提升，优先配备一批功能先进、科技感强的智能化仪器设备，助推信息技术与体育教学的深度融合。同时，经费还应重点支持相关基础设施建设。包括新建和改扩建一批功能性强、集约化程度高的体育馆、健身房等场地场馆；以及修缮维护现有的体育运动场地，确保场地平整安全，为师生提供优质的运动环境。

体育课程是人才培养的重要环节，课程组织活动离不开经费的大力支持。因此，在经费分配使用上，高校必须给予体育课程和活动项目足够经费投入。

一是要确保常规体育课程的正常运转。包括支付体育教师工资报酬、购买必需课程物资消耗品，以及开展课程督导、教学研讨等各项支出，确保体育课程有质量、有保障。二是要为精品特色体育课程预留充分经费。很多高校都开设了一些特色体育培训课程，如武术、瑜伽、高尔夫等，这些课程往往具有专业性强、师资要求高等特点，支出费用较多。高校要充分重视，给予必要经费倾斜，保证特色课程办学质量，增强人才培养的专业性和实用性。三是要统筹支持各种体育活动的开展。如运动会、校园马拉松、社团联赛等，都需要投入一定的场地租赁、设备购置、赛事组织等开支。高校要根据活动性质和规模，合理测算经费需求，为丰富多彩的体育活动注入活力。

体育教师是教学质量的决定性因素。当前，我国体育教师队伍正面临着学缘结构失衡、专业水平有待提高等诸多挑战。要从根本上解决这些问题，推进教师培养培训工作，离不开相关经费的支持。一方面，要持续加大教师培训经费的投入。支持教师参加国内外高水平的学术交流、观摩访学、研修进修等，提升其专业理论素养和实操能力。同时也要开展校内的集中培训，邀请国内外专家教授现场授课示范，为教师们打开视野，增强教学驾驭力。另一方面，高校还应重视体育教学科研的经费投入。给予一定比例经费用于资助教师开展各类教学研究、课题攻关等，鼓励他们在教学实践中积极探索创新，不断提升课程体系和教学模式。对取得重大理论创新和实践成就的科研人员，可适当给予奖励支持，形成正向激励机制。

良好的体育场馆设施是师生开展体育锻炼的重要阵地，其运营维护也需要投入大量经费成本。日常运营费用包括场馆的水电气等能源消耗费、场馆管理人员的工资薪酬、维修养护费等固定支出项目。相当一部分经费都需要用于这些刚性支出。还需要预留应急维修、大修经费。体育场馆毕竟属公共使用场所，长期运行难免会发生损坏。经常性的小修小补还好说，但一旦发生大的设备故障或结构破坏，所需修缮费用往往高昂无比。为确保师生使用安全，必须预留充足的大修基金应对紧急情况。要加大信息化投入力度。随着物联网、大数据等新兴技术的发展，体育场馆的智能化改造正掀起热潮。要构建智能管理系统，实现设备远程控制、能耗动态监测、预约在线支付等功能，将大幅提升场馆使用便利性和管理水平。

四、高校体育教学拓展经费的筹措策略

经费是体育教学事业发展的重要保障，然而当前不少高校在这一领域的投

入仍显不足。要真正实现体育教学的拓展升级，就必须拿出更多经费作支撑。面对有限的财政资金，高校需要采取多种策略，努力开拓经费来源渠道，为体育事业持续注入新的活力。

（一）争取政府财政支持和政策倾斜

政府财政投入是体育教学经费的主要来源。高校要主动作为，多方位、多角度地争取政府的支持和政策倾斜。

要强化顶层设计，推动政府加大体育教育投入力度。可通过召开体育工作会议、编制体育发展规划等形式，向政府阐释加强体育教学的重要性和必要性，促使政府将其列为重点发展领域，从整体财政预算中给予适度倾斜。要积极申报各类专项资金。包括国家体育总局、教育部门设立的体育教学改革发展专项、教师培养培训专项等，高校要密切关注并积极申报；还可就校园体育建设、残疾人体育等特殊领域争取政府的专项支持。要加强与政府部门的沟通联系。建立高校体育工作对口联系机制，定期与教育、财政、体育等主管部门对接交流，反映高校体育发展所需、所需项目进展情况，协调解决实际问题，切实争取到政策支持。要主动承担政府转移的公共体育服务职能。高校可以充分利用自身办学优势，积极对口承接政府支持的群众体育培训指导、科普知识普及、青少年体育锻炼等服务项目，拓宽政府财政投入渠道。

（二）开展体育服务和社会资源合作

政府财政毕竟有限，高校还需要积极开拓其他融资渠道，开展多种经营性体育服务，吸引社会资金的进入。可以利用学校体育场馆资源举办体育赛事活动，如马拉松、足球联赛等，并对外营利性经营，获取票房分成收益。二是依托学校体育专业和师资优势，组织开展各类体育培训班、夏令营等，通过收费形式实现资金回收并获取利润。三是可与知名体育品牌、赞助商开展深度合作，获取冠名赞助、广告植入等收益。四是吸引社会机构、企业等各类资本成立产学研联盟，围绕体育教学服务、体育科研开发等业务领域开展各类项目合作，形成利益共享机制。五是利用现代金融手段，申请体育教学基建和器材采购贷款，缓解项目资金短缺压力，同时由政府给予适当资金支持和贷款贴息。采取这些灵活多样的融资手段，不仅能为体育发展注入新的资金活力，而且有助于拓展学校体育产业服务链条，实现与社会的紧密互动，进一步增强学校体育的社会影响力。

（三）注重经费使用绩效和品牌影响力

稳定经费来源的根本在于资金使用效益和品牌口碑。高校要高度重视内涵建设，着力提高体育教学经费的使用效能，树立良好的品牌形象，巩固和扩大社会资源支持。

建立科学合理的评估指标体系，客观考核资金使用效益，实行精准分配，避免"重建设、轻管理"。对于资金效益不佳的项目，要坚决予以压减或取消，优化资金使用结构，促进有限资金能够被用在最关键的领域。加强过程性监督，避免出现资金流失浪费等问题。采取信息化手段，公开经费分配使用情况，自觉接受社会监督。探索服务质量评估、满意度调查等方式，直接听取师生和公众的意见建议。通过新媒体、新闻发布会、开放日等多种形式，积极宣传体育教学建设和发展战略，展现体育教学成果，让学校体育办学理念家喻户晓，树立良好品牌形象，从而进一步提升社会公信力。高校要将科研优势转化为社会效益，为行业发展注入动力。比如积极推进教学科研成果产品化、知识产权化、项目化运作，并广泛开展技术咨询服务，不断提升高校体育科研实力和社会影响力。

要进一步加大体育教学经费投入力度，高校必须采取上述多种举措并加以统筹谋划，持续拓展政府资金注入、社会合作共赢、自身建设用心三个层面的工作，真正让学校体育教学事业在资金的保驾护航下健康持续发展。

第七章 高校体育教学拓展的多元化发展

第一节 高校体育教学与校园文化的融合

一、理解校园文化的内涵及其重要性

（一）校园文化的定义及构成要素

校园文化是学校内部在长期的办学实践中逐步形成并沉淀下来的一种独特精神风貌和物质环境，它包括了学校的思想理念、行为规范、制度体系、仪式活动以及校园环境等多个层面。这些层面共同构成了学校的文化底蕴和特色，反映了学校的办学理念、价值取向以及学术氛围，对于塑造学校的品牌形象、促进师生的全面发展具有重要的作用。

1.思想理念层面

校园文化体现了学校的办学理念、教育理念和价值观念。这包括学校对于教育的根本追求和核心目标，以及学校所倡导的人文精神、科学精神等理念。在一个学校的文化中，思想理念的传承和弘扬是非常重要的，它直接关系到学校的办学方向和发展路径。

2.行为规范层面

校园文化体现了师生员工的行为习惯、礼仪礼节以及人际交往方式。这方面的文化规范影响着学校的教育氛围和师生关系，是学校内部秩序的重要保障。在这个层面上，学校通常会强调文明礼貌、团队合作、诚信守法等方面的价值观，引导师生树立正确的行为规范和道德观念。

3.制度体系层面

校园文化体现了学校的各项管理制度、教学制度和后勤保障制度等方面。

这些制度体系为学校的正常运转提供了重要的保障和支撑，是学校内部管理的基础。通过健全的制度体系，学校能够保障师生的权益，规范管理行为，提升教学质量，保障学校的稳定发展。

4. 仪式活动层面

校园文化体现了学校的传统和文化积淀。学校的开学典礼、毕业典礼、校庆等仪式活动是学校文化的重要组成部分，它们不仅是学校的传统，也是学校凝聚师生情感、传承文化的载体。通过这些仪式活动，学校能够弘扬优秀传统，激发师生的归属感和自豪感。

5. 校园环境层面

校园文化体现了学校的硬件设施和环境特色。校园建筑、景观、环境卫生等方面的优美和舒适程度，直接影响着师生的学习和生活质量。一个良好的校园环境能够激发师生的学习和创造活力，营造积极向上的校园氛围。

在校园文化的建设过程中，需要全面考虑这些要素，通过弘扬学校的优秀传统、培育良好的师生行为习惯、健全制度体系建设以及改善校园环境等方面的工作，不断提升学校的文化品位和软实力，推动学校的高质量发展。

（二）校园文化对于学生全面发展的影响

校园文化作为高校教育的重要组成部分，对学生的全面发展产生着深远而积极的影响。校园文化既是学校精神文明的集中体现，也是学生个性发展和社会适应的重要载体。在学生的成长过程中，校园文化扮演着引导、激励和塑造的角色，对学生的认知、情感、态度和价值观形成产生着深刻的影响。

校园文化为学生提供了一个良好的学习环境和成长空间。学校的校园文化不仅包括学术氛围、课外活动和社会实践等方面，还涵盖了校园规章制度、师生关系、学风建设等方面。这种丰富多彩的校园文化为学生的学习和成长提供了良好的氛围和条件，激发了他们的求知欲望和创新能力，促进了他们全面发展的动力和积极性。

学校作为道德教育的重要阵地，通过校园文化的塑造和营造，传承和弘扬优秀的传统文化和道德观念，引导学生树立正确的人生观、价值观和社会责任感。在校园文化的熏陶下，学生能够自觉遵守学校的规章制度，尊重师长、团结同学，形成良好的行为习惯和人际关系，培养出良好的品德修养和社会责任感。

另外，校园文化也是学生个性发展和社会适应的重要支撑。学校的校园文化不仅是一种精神文明和价值体系，更是学生个性发展和社会适应的重要渠道和载体。通过参与校园文化建设和活动，学生能够锻炼自己的领导能力、组织能力和团队协作能力，提高自身的综合素质和竞争力。同时，校园文化也为学生的社会适应提供了重要的经验积累和社会资源，帮助他们更好地适应社会环境和面对未来的挑战。

（三）校园文化与高校体育教学的关系

校园文化与高校体育教学之间存在着密不可分的关系，二者相互交融、相辅相成，共同促进了学生的健康成长和全面发展。校园文化作为学校的精神灵魂和价值观念的集中体现，体现在了校园中的各个方面，而高校体育教学则是校园文化的重要组成部分，通过体育教学实践，加深了校园文化的内涵和影响。

校园文化为高校体育教学提供了丰富的文化土壤和精神氛围。学校的校园文化包括了对体育健身的重视和弘扬，体现了"强健体魄、全面发展"的教育理念。在这样的文化氛围下，学生能够更加自觉地参与到体育锻炼和运动竞技中，增强体质、陶冶情操、培养意志，从而实现全面的个性发展。

高校体育教学是校园文化的重要组成部分，为校园文化的传承和发展贡献了力量。通过开展丰富多彩的体育课程和校园体育活动，学校不仅培养了学生的体育兴趣和技能，还传承了中华民族的体育精神和优秀传统文化。这种体育文化的传承和弘扬，丰富了校园文化的内涵，激发了学生的民族自豪感和文化自信心。

校园文化和高校体育教学之间还存在着良性的互动和促进关系。学校通过举办体育比赛、运动会、健身活动等形式，营造了积极向上的校园文化氛围，激发了师生对体育运动的热爱和参与热情。同时，高校体育教学也为校园文化的建设提供了重要的支持和保障，通过体育教育的推广和实践，增强了学生的团队合作意识和社会责任感，促进了校园文化的和谐发展和凝聚力量。

二、高校体育教学与校园文化融合的意义

（一）体育教学与校园文化相互促进、相得益彰

高校体育教学与校园文化的融合，能够发挥两者的协同效应，实现相互促进、相得益彰的良性互动。

健康向上、积极进取的校园文化理念，能够增强学生对体育运动的热情，培养良好的体育锻炼习惯。同时，丰富多彩的体育活动和赛事也是校园文化生活的重要组成部分，能够丰富校园文化内涵，增强学校的文化魅力。

高质量的体育教学反过来也能够促进校园文化的传承和发展。通过体育教学，学生不只学习专业知识和技能，更重要的是接受体育精神的熏陶，培养顽强拼搏、团结协作、积极乐观的体育品质，这些宝贵的品质正是优秀校园文化所倡导和渗透的核心价值观。因此，体育教学能够以生动活泼的形式传播和弘扬校园文化的精神内核。

体育教学与校园文化的融合还能够为学生提供更加丰富多彩的校园生活体验。通过参与各种体育赛事、运动会、健身活动等，学生不仅能够锻炼身体，增强体质，更能亲身感受校园文化的独特魅力，增强对母校的认同感和归属感。体育场馆、运动设施等校园体育环境的营造，也为校园文化增添了别样的动感活力。

（二）融合有利于培养学生的综合素质

高校体育教学与校园文化的融合，对于培养学生良好的综合素质具有重要意义。

第一，融合有利于学生塑造积极乐观的生活态度和意志品质。体育运动蕴含着顽强拼搏、百折不挠的精神，校园文化中也倡导乐观向上、自强不息的人生理念。通过体育教学与校园文化的融合，学生在运动实践中接受体育精神的洗礼，在校园文化的熏陶下树立正确的人生观和价值观，从而培养出坚忍不拔的意志品质。

第二，融合有助于培养学生良好的人际交往和团队合作能力。体育项目中蕴含着沟通、协作、相互信任的要素，校园文化氛围也体现着文明有礼、互帮互助的价值理念。通过体育教学与校园文化的结合，学生在体育锻炼中磨炼沟通协作的技巧，在丰富多彩的校园活动中提高人际交往能力，增强集体主义

意识。

第三，融合还能培养学生敬畏自然、热爱生活的情怀。体育运动使学生更加亲近自然，欣赏大自然之美；校园文化中也蕴含着人与自然和谐共生的理念。通过体育教学与校园文化的交融，学生能感受到大自然的魅力，增强环保意识，学会珍惜生命，热爱生活。

第四，融合还能促进学生形成全面发展的综合素质。体育教学着重培养学生的体能素质，校园文化则侧重于道德素养、审美情操等人文素养的培育。两者的融合使体育教学与人文教育相互渗透、优势互补，从而促进学生智力素质、体能素质、审美素质、心理素质的协调发展。

（三）融合有助于创建独特的校园体育文化

高校体育教学与校园文化的融合，不仅有利于校园文化和体育事业的共同发展，更能孕育出独具特色的校园体育文化。

将体育教学与学校的办学理念、价值追求融会贯通，形成具有学校特色的体育教育思想。每所高校都有自己独特的办学理念和教育理念，将这些理念贯穿到体育教学实践中去，必将形成富有个性魅力的校园体育理念，为学校体育文化奠定思想基础。

将体育教学与学校的历史文化传统相结合，形成独特的校园体育仪式和活动文化。学校历史悠久必然积淀下丰富的文化瑰宝，如果能将这些文化元素与体育教学充分融合，定能孕育出具有校园特色的运动会开闭式仪式、运动员授衔仪式、万人健步走等活动，增强校园体育文化的独特性。

积极探索体育教学与校园文化的多元化表现形式，形成丰富多彩的校园体育文化景观。可将校园体育设施的设计与学校文化理念相契合，将体育赛事主视觉形象设计与校徽、校训等文化元素融合，将运动健儿的精神风貌与学校价值追求融会贯通，努力营造浓郁的校园体育文化氛围。

充分发挥体育教学与校园文化协同育人的作用，积累校园体育文化的内在精神。通过良性融合，将学校的核心价值理念、人文精神、团队合作等体育教学所传承的宝贵精神财富充分彰显，从而形成独具校园气息的体育文化精神内核。

总之，高校体育教学与校园文化的深度融合，将催生独具特色的校园体育文化。这种独特的体育文化不仅凝聚了学校的办学理念、价值追求与历史文化传统，同时也蕴含着团结协作、顽强拼搏的体育精神内核，必将成为学校独特的精神标识和文化符号，持续影响和熏陶着每一代学子。

三、体育教学与校园文化融合的途径

（一）体育课程设置与校园文化相融合

将高校体育教学与校园文化融合，课程设置是最直接、最基础的着手点。一方面，可以通过精心设计，使体育课程内容与学校文化理念、文化传统相互贯通；另一方面，还可以创新体育课程形式，注入丰富的文化内涵和元素，从而实现二者的深度融合。

在体育课程内容设计上，可紧密结合学校的办学理念、校训校风、文化传统等元素，赋予课程独特的文化色彩。比如将学校的核心价值理念贯穿到课程内容之中，在讲解技术动作时蕴含相关的人生哲理；或者将学校的历史渊源、名人轶事融入体育项目教学，使之成为生动有趣的教学素材，增强学生的文化认同感。同时，也可根据学校所在地的地域文化特色，将具有地方特色的民族传统体育项目纳入体育课堂，让学生在潜移默化中接受地方文化熏陶。

除了内容设计，还可以在课程形式上大胆创新，注入丰富的文化元素。比如在体育课开场时，可设计富有学校文化特色的仪式环节，如运动队列、口号呐喊等，让学生在课前仪式中感受校园文化气息；或者将具有校园文化内涵的经典诗文、格言等融入课堂教学，通过生动有趣的方式传播文化精神；还可尝试将舞蹈、音乐等艺术形式与体育教学相结合，使课堂教学更加生动活泼，更好地展现校园文化魅力。

（二）体育活动与校园文化相融合

除了课堂教学，丰富多彩的体育活动也是高校体育教学与校园文化融合的重要载体。通过将校园文化元素渗透到体育赛事、体育节庆等活动之中，不仅能充分展示体育运动的魅力，同时也能弘扬和传播校园文化内涵，实现教育与文化的完美结合。

体育赛事是展现体育运动魅力、激发体育热情的绝佳平台，如果将其与学校的办学传统、文化积淀相结合，定能将赛事气氛推向高潮。比如在重大体育赛事的开幕式上，可设计具有浓郁校园文化特色的主题环节，如徽章授予仪式、文化展演等，让学生在欣赏体育盛况的同时，也能领略校园文化的独特魅力；同时在赛事视觉形象设计上，也可充分融入校徽、校训、吉祥物等文化元素，赋予赛事独特的文化寓意。

学校每年都会举办诸如运动会、健步走等丰富多彩的体育节庆活动，这也是体育教学与校园文化融合的大好时机。活动策划过程中，可紧密结合学校所在地的人文地理、民族风情等元素，使之充满鲜明的地方文化色彩。比如将游园健步融入当地特色民俗表演；或将运动会开幕式与具有代表性的地方民族传统体育项目展示相结合；还可在活动氛围营造上，借鉴具有文化内涵的服装、道具、音乐等元素，努力打造浓郁的文化氛围。

（三）体育场馆与校园文化相融合

体育场馆是校园文化的重要组成部分，其设计和命名都应该融入校园文化元素，以体现学校的特色和价值观念。在体育场馆的设计上，可以通过建筑风格、装饰图案、艺术品等方面，将校园文化元素融入其中，营造出浓厚的文化氛围。例如，在建筑外观设计上可以采用校园标志性建筑的特色，或者融入校园的象征性图案和标识，使体育场馆与周围环境相协调，更加融入校园的整体风貌。

体育场馆的内部装修和布置也可以体现校园文化的特点和内涵。可以在场馆内部设置校园历史展览区域，展示学校的发展历程和重要成就，让师生们了解学校的历史底蕴和文化传统。同时，在场馆的墙壁、走廊、楼梯等处，可以设置艺术装饰品或者校园文化宣传展板，展示学校的精神风貌和价值理念，激发师生的爱校情感和集体荣誉感。

除了设计方面，体育场馆的命名也是体现校园文化的重要途径之一。通过为体育场馆取名，可以突出学校的办学特色和核心价值观，彰显校园文化的内涵和精神风貌。例如，可以以学校的名字、校训、校训口号、优秀人物等命名体育场馆，或者结合校园的历史传统和文化背景，选取具有象征意义的名字，使体育场馆成为校园文化的重要象征和标志。

四、体育教学与校园文化融合的实施策略

（一）高校领导的重视和支持

高校领导的关注和支持对于推动校园文化建设和体育教学改革具有重要的引领作用，可以为校园文化融合提供有力的政策保障和资源支持。

高校领导应当提高对体育教学与校园文化融合的认识和重视，将其纳入学校的发展战略和重点工作之中。领导层要深入理解体育教学与校园文化融合的重要意义和价值，认识到其对学生全面发展和学校整体形象的重要影响，积极倡导和支持相关工作的开展。

领导层要出台相关政策文件，明确融合发展的目标、任务和措施，为体育教学和校园文化建设提供政策保障和资源保障。同时，要加大对相关项目和活动的经费投入，保障体育设施建设和文化活动开展的顺利进行。高校领导还应当积极倡导和组织相关的工作推进和宣传报道，营造良好的舆论氛围和工作氛围。领导层要充分发挥其在学校内外的权威和号召力，动员和组织全校师生共同参与到体育教学与校园文化融合的实践活动中来，形成全校上下共同推动、共同参与的良好局面。

（二）建立校园文化与体育教学融合的管理机制

建立校园文化与体育教学融合的管理机制是促进两者有效融合的重要举措。这一管理机制需要在制度、组织和执行等方面进行设计和落实，以确保校园文化与体育教学之间的紧密结合和有序发展。

首先，学校要建立健全相关的管理制度和规章制度，明确校园文化与体育教学融合的工作目标、任务和责任分工。制定相关政策文件和实施细则，规范校园文化活动和体育教学项目的开展，确保其有序进行。同时，建立绩效考核机制，将校园文化与体育教学融合的工作纳入考核评价体系，形成激励机制，推动相关工作的开展和落实。其次，需要设立专门的管理机构或部门，负责校园文化与体育教学融合工作的组织协调和推进实施。该机构应当包括领导小组或专门工作组，由学校领导或相关部门负责人担任组长，各职能部门、教师代表和学生代表等参与其中，形成协同合作的工作机制。同时，要建立定期会议制度，及时研究和解决相关问题，确保校园文化与体育教学融合工作的顺利进行。最后，需要明确具体的执行措施和工作计划，落实校园文化与体育教学融

合的具体内容和步骤。具体包括确定相关活动和项目的内容、时间和地点，组织开展各类文化活动和体育赛事，加强师生参与和互动，推动校园文化与体育教学的深度融合。同时，要加强对相关工作的督促和检查，及时发现和解决问题，确保工作目标的实现。

（三）培养教师理解和传播校园文化的能力

教师作为学校文化传播的主体和学生的重要引导者，其理解和传播校园文化的能力直接影响着学生的校园体验和全面发展。

针对教师在校园文化方面的理解和传播能力，学校应加强相关的师资培训工作。通过组织专题讲座、学术研讨会、经验交流等形式，向教师介绍学校的校园文化和核心价值观，引导他们深入理解和把握校园文化的内涵和精神风貌。同时，培训教师的传播技能，提升其在课堂教学和校园活动中传播校园文化的能力，激发学生的校园认同感和归属感。

在教学实践中，教师可以积极创设校园文化教学场景，将校园文化融入课堂教学和学校生活中。例如，利用校园文化资源和环境，设计丰富多彩的教学活动和案例，引导学生深入了解和体验校园文化，激发他们的学习兴趣和参与热情。同时，教师可以利用校园文化元素，设计教学内容和评价方式，提升教学效果和学生的综合素质。

学校可以建立校园文化传播平台，为教师提供宣传校园文化的舞台和机会。通过校园网站、校园电视台、校园广播站等媒体平台，发布学校的校园文化宣传片、特色栏目等内容，展示学校的校园文化风采和特色活动，激发教师的参与和创作热情，提升校园文化的影响力和凝聚力。学校可以建立校园文化传承机制，通过各种形式和途径，传承和弘扬学校的校园文化。教师作为校园文化传承的重要力量，应当积极参与校园文化传承工作，传承和弘扬学校的校训、校风、校史等优秀传统，引导学生树立正确的价值观和人生观，促进校园文化的传承和发展。

（四）鼓励学生参与校园文化与体育活动的融合

通过多样化活动设计，学校可以满足学生不同兴趣和需求，举办各类文化艺术展、体育比赛和演出等活动，吸引学生积极参与，提升他们的校园体验和参与感。此外，建立学生组织和团队也是推动学生参与校园文化与体育活动的重要途径。通过组织学生参与文化创作、演出表演、体育训练和比赛等活动，学生可以在团队中相互合作，培养团队精神和协作能力，同时也能够更深入地体验和感受校园文化与体育教学的融合之美。

跨学科活动的开展，则能够促进不同学科之间的交流与合作，丰富校园文化与体育活动的内涵和形式。通过举办以体育为主题的文化艺术节、学术论坛等活动，学生可以与来自不同领域的专家学者和艺术家进行交流互动，拓宽视野，丰富知识，同时也能够激发创新意识和实践能力。此外，倡导健康生活方式也是促进学生参与校园文化与体育活动的重要方式之一。学校可以通过开展健身健美活动、户外运动、文化艺术课程等形式，引导学生树立正确的健康观念和生活态度，培养他们积极的生活态度和健康的生活习惯。

建立奖励制度，对学生参与校园文化与体育活动的积极表现给予肯定和奖励，不仅能够激励学生的参与热情和积极性，也能够促进校园文化与体育教学的深度融合。通过设立优秀学生奖、校园文化体育先进个人奖等奖项，学校可以充分肯定和表彰学生的优秀表现，鼓励更多的学生积极参与校园文化与体育活动，推动校园文化与体育教学的融合发展。综上所述，通过以上措施的实施，可以有效鼓励学生参与校园文化与体育活动的融合，促进学生的全面发展和校园文化与体育教学的有效融合，为营造和谐、活力的校园文化氛围提供有力支持。

第二节　高校体育教学与社会资源的结合

一、社会资源概述

（一）社会资源的定义及主要类型

社会资源是指社会生产、生活和发展中所涉及的、对促进社会健康发展和提升人民生活水平具有重要作用的各种资源。在体育领域，社会资源是体育事业持续健康发展的重要基石，是满足人民群众日益增长的体育需求的重要保障。体育社会资源主要包括以下几个方面：

1. 人力资源

人力资源是体育社会资源中最为宝贵的一种，它包括体育教练员、运动员、裁判员、管理人员等各类体育从业人员。高水平的体育人才队伍是体育事业发展的根本动力。一支素质过硬的教练员队伍能带领运动员精进技艺、创造佳绩；精干高效的管理团队则是确保体育赛事和场馆有序运转的保证。可以说，缺乏优秀的人力资源将严重制约体育事业的发展。

2. 场地资源

场地资源是体育活动开展的空间载体，对于群众体育、竞技体育乃至体育产业发展都至关重要。体育场地包括大型的专业场馆，如体育场、游泳馆等，也包括社区小型的便民设施，如健身广场、路径等。无论场地大小，都是满足人民群众健身娱乐需求、培养体育后备人才的重要基地。合理配置、高效利用场地资源，能够让更多群众有场地健身锻炼，让优秀运动员得到更好的训练条件。

3. 设备资源

设备资源是指各种体育器材设施，如球拍、球门、跑步机等。优质的设备不仅能为运动员提供安全可靠的训练和比赛保障，还能给观赏者带来身临其境的赛事体验。随着科技进步，越来越多智能化、虚拟化的训练设备应运而生，如动捕系统、VR 模拟系统等，进一步丰富了体育设备资源的内涵。拥有先进的设备资源，有利于提高体育人才培养质量、促进体育科研和产业发展。

4. 资金资源

资金是体育事业运转的重要动力。体育场馆建设、人才培养、赛事组织等活动都需要大量的资金投入。体育资金来源可以是财政拨款、社会捐赠、彩票公益金等，也可以是体育场馆运营收益、赛事转播收入等。充足的资金资源不仅能确保体育基础设施建设，还能为运动队培养、科研投入、产业孵化等注入持续动力，推动体育事业全面协调可持续发展。

人力、场地、设备、资金等社会资源是体育事业立足之本、发展之源。只有科学合理配置和利用好各类社会资源，形成资源整合和优化的良性运行机制，才能为体育强国梦想持续注入源源不断的新鲜动力。

二、社会资源在高校体育教学中的作用

（一）高校体育教学与人力资源的结合

人力资源是体育教学的核心支撑，高校要充分整合校内外人力资源，为体育人才培养提供智力支持和实践辅导。

1. 聘请社会体育专家担任兼职教师

社会上拥有大批经验丰富、视野开阔的体育专家，他们在体育实践、行业运作等方面有着渊博知识和宝贵阅历。高校可根据实际需求，聘请这些业内资深人士担任兼职教师，为体育专业学生解惑答疑、分享真知灼见。这些专家不仅能传授前沿理论知识，还可结合自身丰富的从业经历，向学生讲解行业运作和发展趋势，指导学生理论实践相结合，夯实专业基础；他们熟知行业用人要求，能够帮助学生端正职业认知，培养职业素养。而且，将行业专家请入课堂，还能让理论教学与实践需求紧密贴合，提高人才培养的针对性和前瞻性。

2. 邀请优秀运动员进行专题讲座

名将身教胜于言教。活跃在赛场的优秀运动员无疑是领略技战术的最佳示范。因此，邀请运动健儿走进课堂，开设专题讲座，将是师生直击运动项目精髓的绝佳机会。优秀运动员可以传授专业运动技能，现场展示精湛的动作要领，并结合自身经历分享比赛心理调节、赛程安排等专业知识和技巧。教书育人，课堂启智，这既加深了学生对专业知识的理解，拓展了视野，又激发了学习兴趣和职业热情。同理，高校也可邀请杰出教练、裁判员等体育界人才，从不同角度为学生答疑解惑，形成多方位立体式的人力资源辅助体系。

3. 与社会体育机构合作开展师资培训

体育师资队伍是体育教学质量的根本保证。为不断提高教师的专业能力和教学水平，高校需要与社会体育机构开展广泛合作，通过多种形式持续开展培训进修。比如可定期选派体育教师到体育社团、运动队等机构挂职锻炼，实地感受行业实践，更新知识储备；或由社会机构派出专家教练为高校教师开展专题培训班，传授最新理论前沿和实战技能；还可与社会机构共建教师发展中心，定期组织高端学术交流，助力教师开阔视野。此外，高校也可与教育主管部门和体育协会加强沟通协调，鼓励制定并执行体育教师资格认证和职业发展新政策，为社会资源开放校园、与体育教育融合提供支持和保驾护航。

（二）高校体育教学与场地资源的结合

场地资源是体育教学活动开展的空间基础，保证了教学的高效有序运行。然而，场地资源投资大、维护成本高，很多高校场地设施单一、供给有限。因此，高校理应主动融入社区、拥抱社会，充分利用校内外各类场地资源，为体育教学插上腾飞的翅膀。

1. 与社会场馆建立合作关系

高校可以与周边的大型体育场馆、训练基地等建立合作关系，为学生提供高水平的训练和比赛场地。专业场馆拥有一流的设施设备和完善的配套服务，学生在此练习将事半功倍。高校可与游泳馆、篮球馆等签订长期租赁协议，为相关项目课程提供场地支持；也可与体育中心、训练基地等达成合作，供学生在世界级场地感受顶尖设施；临近赛季还可与相关单位合作，为学生提供观摩学习的赛事场地。

2. 利用社区体育设施作为教学场地

除了专业场馆，社区和公共区域也普遍配备有一些中小型体育设施。高校可将这些资源纳入教学范畴，为师生活动搭建更多实践平台。可将社区里的运动场地、健身步道等作为户外理论授课和实践教学的场所；把公园广场列为长跑、定向越野等课程的教学场地；也可将空闲的学校操场、球场对外开放，供附近居民健身娱乐。通过场地资源共享，不仅扩展了教学空间，还促进了高校与社区的融合互动。

3. 开放校内体育场馆供社会使用

与其将校内体育场馆闲置浪费，不如对外开放与社会资源共享。高校可在满足校内教学需求的前提下，对外开放相关体育设施，采取场馆租赁、校园体验等多种方式，让社会机构、公众群众充分使用场地资源。具体而言，可以分时段向社会机构租赁场地，鼓励企事业单位在校内组建运动队、设立驻校训练基地；针对普通社会公众则可推出体验课程和入场券，定期开放场馆供当地居民健身锻炼。如此既可盘活高校闲置资源，还可拓宽体育赛事和培训的发展空间，进一步融入社会服务体系。高校还可发挥自身优势，在场地资源上做足文章，如搭建虚拟仿真训练系统，提供线上场馆租赁和直播课程，使场地资源的利用形式更加立体多元。

无论是校内场地对外开放，还是借助校外资源，关键是要建立政策制度，明确开放条件、收费标准等，从而高效有序利用资源。同时，高校还要根据实际情况制定相应的安全管理制度，切实保障教学秩序和师生权益。只有做好制度设计，充分释放融合潜能，才能让有限的场地资源发挥最大效用。

（三）高校体育教学与设备资源的结合

在高校体育教学中，设备资源的充分利用和整合是提升教学效果和满足学生需求的关键。一方面，可以通过租赁或借用社会设备来弥补学校设备资源的短板。学校可能会面临设备不足或更新不及时的情况，而社会上可能存在着闲置或先进的设备资源。通过与社会单位合作，学校可以租赁或借用这些设备资源，以满足教学和学生锻炼的需要。这种方式不仅可以节约成本，还能够有效利用社会资源，提升教学质量。另一方面，建立设备共享机制与社会单位互通有无也是一种有效的途径。通过建立设备共享机制，学校可以将自己的设备资源开放给社会单位使用，同时也可以享受到社会单位提供的设备资源。这种双向的互通有无可以最大限度地发挥设备资源的效益，实现资源共享和互惠互利。通过这种方式，学校不仅可以拓展自己的设备资源，还可以与社会单位建立良好的合作关系，共同促进体育事业的发展。

（四）高校体育教学与资金资源的结合

高校体育教学需要资金资源的支持来维持设备更新、教学改进以及活动开展等方面的正常运转。在实践中，通过与社会企业、机构的赞助支持和开展体育培训等服务来获取资金资源已成为一种常见的方式。

许多企业和机构愿意与高校合作，通过赞助体育赛事、设备采购、项目建设等方式来支持高校体育事业的发展。这种合作不仅能够为学校提供资金支持，还可以提升企业的品牌知名度和社会形象，实现互利共赢的局面。例如，一些知名运动品牌可能会赞助学校的体育比赛，提供体育装备或资金支持，以展示其对体育事业的支持和关注。学校可以利用自身的体育资源和师资力量，开展体育培训、夏令营、健身课程等服务，向社会提供专业化的体育教学和培训服务，并收取一定的费用。这种方式不仅可以为学校带来一定的经济收入，还能够促进社会公众的体育健身意识和生活方式的改善，实现社会效益和经济效益的双赢局面。但需要注意的是，资金的使用应该合理规划，确保资金用于体育教学和学生发展的实际需要，提高资金利用效率和教学质量。同时，学校还应该加强与社会各界的沟通与合作，拓展资金来源，为体育教学提供持续稳定的资金保障，推动体育事业的全面发展。

三、高校体育教学与社会资源结合的保障措施

（一）完善高校体育教学与社会资源的合作机制

高校体育教学与社会资源的深度融合，是提高体育教学质量、满足人民群众多元化体育需求的关键所在。但要实现长期有效的校企合作，就需要从顶层设计和制度层面着手，完善合作机制，为合作注入持久动力。

1. 建立高校体育教学与社会资源的合作平台

成立由高校、体育企业、政府部门等多方参与的合作协调平台，搭建资源对接和利益协调的机制化渠道。该平台可定期召开工作会议，交流合作进展，协调解决存在的矛盾和问题，发挥政府主导作用，为校企合作保驾护航。该平台还可向社会发布合作需求信息，吸引更多社会资源方的加入，持续补充合作资源库；并对入库的社会资源进行审核和评估，确保资源质量。通过平台的高效运转，实现高校与社会资源的无缝对接，促进优质资源的高效流动和共享。

2. 制定高校体育教学资源利用的相关制度

建立健全相关的制度体系，是规范高校体育教学资源利用、确保校企合作长期有效的基本前提。相关制度应明确校企双方的权利义务，合作程序和方式，资源使用考核办法，激励和约束机制等，并对关键环节加以重点规范。比如在资金使用方面，应制定资金管理制度，明确资金拨付、使用和监督的流程；在安全保障方面，应制定相应的安全责任制度，规定双方在教学活动中的安全职责；在知识产权保护方面，可制定知识产权保护制度，维护双方的合法权益。只有实施精细化管理，用制度的刚性约束规范合作行为，才能为校企合作营造一个规范有序的环境，防止合作中的道德风险和利益冲突，促进双方的和谐共赢。

3. 探索多元化的校企合作模式

要推动高校体育教学资源开放共享，离不开创新合作模式，积极拓展校企合作的广度和深度。高校可以多种形式吸引体育企业和社会资源的参与，如合作共建实训基地和科研平台、委托体育企业承担课程教学任务、聘请相关人员

作为兼职教师等。一些新兴的合作模式也值得探索和推广，如通过购买服务、租赁等方式利用社会体育设施资源，为师生提供优质实践教学场地；或与体育企业开展订单培养，根据企业用人需求定制人才培养方案。通过多种方式实现高校与社会资源的全方位对接，就能充分挖掘和利用好各类优质资源，为提高体育教学质量贡献力量。

4. 建立合作的利益分配机制

正所谓"物质利益打根基，精神利益树盘根"。只有合理分配校企合作所带来的利益，充分调动双方的积极性，合作才能行稳致远。高校应在制度层面明确利益分配的基本原则，并遵循公开、公平、公正的原则，与合作伙伴协商利益分配办法。比如可依据投入程度分配产出收益，对教学科研所产生的学术成果、知识产权等按份共享；或根据贡献大小分配培养资源使用收益。同时还要重视非物质利益的分配，如联合主办赛事活动、互派员工交流学习等，提高彼此的社会影响力。只有科学把握利益分配机制这个校企合作的"压舱石"，才能让合作充满活力，造福双方，助推体育事业发展。

加强高校体育教学与社会资源的合作，必须从顶层谋篇布局，健全制度体系，创新合作模式，完善利益分配机制，从而消除合作障碍，释放合作潜能，促进校企携手共赢，助力体育人才培养和体育事业发展。

（二）加强高校体育教学的社会资源管理

高校体育教学与社会资源深度融合虽然大有可为，但由于资源异质性强、管理主体多元化等因素，如果管理不善，资源利用效率将大打折扣。因此，必须重视社会资源的统筹管理，发挥好资源的最大潜能。

1. 建立健全社会资源管理制度

资源管理的首要前提是建立系统完备的管理制度。高校应制定统一的社会资源管理办法，对资源的引进、使用、维护、报废等全生命周期进行规范，明确职责分工，防止资源管理存在空白地带。在资源引进方面，应规定资源审核标准和遴选程序，保证资源质量；在资源使用方面，应制定资源调配、维护、安全等管理细则；在资源评估方面，应设立定期检查考核机制，对资源使用效益进行评价。同时，还要结合实际情况不断修订和完善管理制度，为社会资源的良性循环提供制度保障。

2. 构建社会资源统一管理平台

传统的人工管理模式效率低下，资源分散造成重复浪费。因此，应构建集中统一的信息化社会资源管理平台，对体育教学所需的各类资源进行统筹调度。该平台应实现对场地设备、师资力量、赛事活动等资源的动态化、可视化管理，做到"一张蓝图干货看全景"。通过大数据分析，及时发现资源利用的矛盾和问题，并提出针对性的优化方案，避免资源闲置浪费。同时，平台还应具备资源预约、查询、评价等功能，方便师生及时了解资源动态，高效调配使用。未来，可进一步探索基于人工智能的智能调度算法，实现社会资源的自动化分配，提升管理效率。

3. 注重资源的持续开发利用

社会资源不应止步于被动利用，而应将其作为教学和科研的生产要素，融入体育人才培养和学科建设的整个链条。高校要重视资源的课程建设功能，开发并不断优化契合实际需求的教学课程体系。比如与体育企业合作，共同开发一体化的实战教学课程，让学生能够在真实场景中理解掌握实战技能；或依托校企合作项目，持续开发一批具有产业前景的创新人才培养新模式，助推产教深度融合。与此同时，高校还应将师生力量广泛吸纳到资源开发和管理当中，在教学科研实践中充分发挥社会资源的辐射作用，不断提升资源的利用价值，推动资源向高质量高附加值方向演进，为体育教学和学科建设贡献长期动力。

4. 健全资源利用的评价监管机制

科学管理离不开常态化评价和监管，这样才能发现资源利用中存在的问题，持续改进提高管理水平。高校应定期对资源利用情况进行评估，从资源使用效率、使用安全、师生服务等多角度审视评估，通过定性和定量的综合评价，发现资源使用过程中的薄弱环节。同时还要建立第三方监督评价机制，引入社会力量参与评价监督，避免内部评价的主观性和片面性。可邀请行业协会、用人企业、相关专家等组成评估组，定期对资源开发利用情况进行全面调研评估，对高校资源管理工作开展绩效审查，促进资源管理持续优化改进。除此之外，还应畅通资源管理的社会监督渠道，如设立公众监督电话、网络平台等，广纳社会各界的意见建议，努力提升社会资源管理的公开性和透明度。

高校社会资源管理水平的高低，直接决定了资源存量的利用效率和增量的

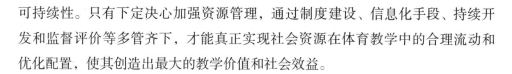

可持续性。只有下定决心加强资源管理，通过制度建设、信息化手段、持续开发和监督评价等多管齐下，才能真正实现社会资源在体育教学中的合理流动和优化配置，使其创造出最大的教学价值和社会效益。

（三）注重高校体育品牌的塑造与宣传

品牌是无形资产中最宝贵的一种，良好的品牌形象不仅能为高校赢得社会资源的信任和支持，更能持续扩大高校体育影响力，助力体育事业发展。因此，高校要高度重视体育品牌建设，将其作为与社会资源融合的重要抓手。

1. 深入挖掘和凝练品牌内涵

品牌内涵决定了品牌的魅力所在。高校应以自身办学理念、体育特色为基础，深入梳理和挖掘品牌内涵，努力打造独具特色的体育品牌形象。可以将高校的体育办学传统、历史渊源、运动文化等因素有机融入品牌内涵，突出品牌的独特性；同时注重体育教学成果和优秀校友的品牌推广作用，将品牌内涵与实际教学质量紧密联系，增强品牌的公信力。在此基础上，高校需要对品牌内涵进行深挖提炼，以生动具象的方式展现品牌精神，使其具有鲜明个性和广泛传播力。品牌标志设计、品牌语境塑造等都是体现品牌内核的重要环节。

2. 整合利用校内外资源助力品牌营销

品牌的构建虽由内而外，但却需要校内外资源的整合配合。高校应利用体育课程教学、科研成果、师资力量、实践基地、赛事活动等资源，形成体育品牌多点覆盖、全方位传播的合力。可以邀请体育明星代言人推广品牌，举办高水平赛事营造品牌关注度，将课程教学体系和教学活动与品牌进行深度融合，充分发挥师生的品牌宣传使者作用。同时积极利用校外资源，如与媒体、企业等开展合作，拓展品牌营销渠道和方式。高校还可整合运用新媒体新技术，通过短视频、直播等方式吸引年轻受众关注。新颖形式的宣传不仅能提升品牌的时尚感，还能实现精准推广，让品牌深入人心。

3. 培育校园体育文化氛围

校园文化是高校品牌形象的集中体现。高校应将体育文化作为校园文化建设的重要内容，借助赛事活动、主题教育、校园风景等形式，陶冶师生的体育气息和品牌意识。通过定期举办校园运动会、校园长跑等赛事活动，使体育精神成为校园文化的鲜明底色；在校园适当位置设置体育雕塑或装置艺术，营造浓厚的体育文化氛围；将体育元素融入新生入学教育和校园广播、公众号等宣传平台，让师生在潜移默化中熟稔并认同体育品牌；开发以体育品牌为主题的文创产品，激发校园成员对体育品牌的认同感和归属感。

4. 立足服务实际提升品牌实力

体育品牌最终还需要立足于高质量的体育教学和服务。高校在品牌推广的同时，必须持续提升体育教学质量，不断满足人民群众对品质体育的需求，用扎实的教学成果和服务水平支撑品牌形象。重视体育师资队伍建设，引进高水平的教学和科研人才，为品牌注入智力活力；加强体育课程和教材体系建设，使教学内容与现代体育理念相适应；优化教学方法手段，与时俱进采用先进的信息技术手段；密切与体育企业合作，为学生提供实战实训平台。品牌的持久生命力在于持续创新。只有与时俱进地优化教学模式、更新知识体系、创新发展理念，品牌才能与社会资源有效融合，成为独具魅力的体育教育符号。

第三节　信息化技术在高校体育教学拓展中的应用

一、信息化技术在体育教学中的重要性

在当今信息时代，信息化技术已经深深融入各行各业，体育教学领域自然也不例外。信息化技术在体育教学中扮演着越来越重要的角色，对于促进体育教学创新、提高教学效率、丰富教学内容和形式具有重大意义。

第一，信息化技术能促进体育教学创新。信息技术为传统体育教学注入新的活力，为教育教学理念和方法的创新提供了强有力的技术支持。一方面，多媒体技术、虚拟现实技术等使教师能够更加直观生动地展示动作要领，学生能够更好地理解和掌握运动技能，从而提升教学效果。另一方面，各种先进的信息技术还为体育教学带来了全新的教学模式，如在线教育、翻转课堂等，使教学方式更加灵活多样，教师与学生的互动交流更加便捷高效。大数据、云计算等新兴技术也为体育教学带来了新的契机。通过大数据分析，能够更精准地评估学生的运动能力，并根据个体差异制定个性化的教学方案；利用云平台，可以实现教学资源的高效共享，打破时空限制，促进优质教育资源均衡配置；采

用可穿戴设备等新型终端设备，还能实时监测学生运动状态，为科学的运动训练提供数据支持。

第二，信息化技术可以提高体育教学效率。信息技术可以大幅提升体育教学的准备、组织、实施和评价等各个环节的效率。在教学准备环节，网络资源可为教师查找获取优质教学素材提供便利；在教学组织环节，网络平台可实现高效的师生互动交流；在教学实施环节，多媒体演示更直观生动，学生理解和掌握更为高效；在教学评价环节，智能评测系统可实现高效准确的技术评分。通过构建信息化的教学管理系统，能够实现学籍信息、成绩管理、教学资源等多方面的电子化，为教学管理提供有力支撑。教师们也能利用智能化的办公平台，更高效地进行教学研究、教案制作、资源分享等工作。因此，信息化技术无疑能极大地提升体育教学的工作效率。

第三，信息化技术可以丰富体育教学内容和形式。信息技术为体育教学带来了全新的教学内容和方式，使教学活动更具吸引力和趣味性。比如运用虚拟仿真技术，学生可以在安全的虚拟环境中进行高风险运动的模拟训练，极大地丰富了教学内容；利用网络直播技术，便可邀请到国内外优秀教练进行在线授课指导，使学生接收到国际先进的训练理念和方法。将体育与信息技术深度融合，还能诞生出全新的体育运动项目，如电子竞技项目，不仅可以在课堂教学之外，拓展学生的锻炼形式，更能培养学生的智能素养、反应能力、心理素质等综合能力。此外，通过开发相关的体育教育软件和手机 APP，既能为课堂教学提供辅助工具，也能为学生提供在课余时间的运动健身指导，从而更好地贯彻"健康第一"的教育理念。

总之，信息化技术在体育教学中的应用前景广阔、潜力巨大。通过信息技术与体育教学的深度融合，必将推动教育教学理念和方式的变革创新，提高教育教学质量和效率，从而为学生的全面发展和终身体育意识的培养提供坚实保障。未来，信息技术必将成为推动体育教学改革和发展的重要动力。

二、信息化技术在体育教学中的应用

（一）在体育课堂教学中的应用

随着信息技术的快速发展，信息化教学在体育教育领域的应用越来越广泛，正在重塑传统的教学模式、优化教学过程、提高教学效率。无论是体育理论课还是实践环节，都可以借助各种先进的信息化技术手段，实现信息化教学的多种应用。

在体育理论课教学中，多媒体课件展示是最常见的信息技术应用方式。通过图文并茂、声像并济的多媒体演示，能够形象生动地展现各种运动项目的专业知识、技术要领、赛事规则等，直观解析动作要领，加深学生的理解和记忆。多媒体课件还可以融入视频素材、三维动画等，使教学内容更加形象直观。例如在讲解某种运动技术动作时，教师可播放实况解说视频或三维虚拟动画，帮助学生详细观察动作细节，深刻领会要领。相较于单一的板书或图示，多媒体呈现形式无疑更具吸引力，有利于提高学生的学习兴趣和注意力。

虚拟现实（VR）技术是信息技术应用于体育实践教学的重要体现。通过计算机三维建模和仿真，可以为学生构建身临其境的虚拟运动环境，让他们在安全可控的情况下进行模拟实践训练。比如在高尔夫球打击训练中，可借助VR设备模拟真实球场环境，帮助学生了解不同环境下的击球技巧；在一些对抗性较强的运动项目中，如武术、拳击等，VR技术就能避免学生在实战中受伤，在虚拟对手环境中安全实战演练。结合动作捕捉和数据分析功能，VR系统还可以及时评估学生的动作质量，分析存在的技术问题，为智能化的个性化指导奠定基础。因此，VR技术为体育实践教学带来了全新的可能，也是信息化教学的重要体现。

借助在线教学平台，体育课程可以实现线上线下相结合的混合式教学模式。教师可以将教学资源、课程作业、测试题库等上传到平台，供学生随时随地访问学习。学生也可以通过平台与老师及其他同学进行互动交流，或自主观看录制的教学视频进行线上自习。这种混合式教学模式不仅打破了时空限制，还能实现个性化、自主化学习，激发学习主动性。与此同时，教师也能借助大数据功能，实时掌握学生学习动态，及时发现和解决问题，从而提升教学质量。

在疫情影响下，在线教学平台更是发挥了重要作用，确保了体育教学的持续开展。可以看出，在线教学平台是信息技术与体育教学融合的典型应用，极大地拓展了体育教学的形式和路径。

（二）在体育技能训练中的应用

体育技能训练是体育教学的重中之重，而信息化技术在这一领域同样发挥

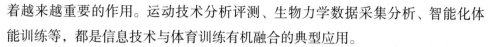

着越来越重要的作用。运动技术分析评测、生物力学数据采集分析、智能化体能训练等，都是信息技术与体育训练有机融合的典型应用。

运动技术的科学分析和客观评测，是提高运动水平的关键。而借助先进的影像捕捉、数据处理等信息技术，可以对运动员的技术动作进行高精度的分析评测。具体来说，通过安装高速摄像机和红外感应器，能够对运动员的每一个动作细节进行三维运动捕捉，并生成数字化的运动数据。再输入到专业的分析软件中，就可以还原并分解动作过程，揭示动作的生物力学本质，精准分析动作要领和存在问题。同时，这些系统还能结合人工智能技术，对数据进行自动识别和评分，快速给出技术评价结果，帮助教练及时发现并纠正运动员的技术缺陷。因此，运动技术分析评测系统可谓是技术指导的利器，是信息技术与体育训练融合的突出体现。

生物力学数据是科学训练的重要依据，而相关数据的准确采集与分析处理，正是信息技术在体育训练领域的又一重要应用。通过可穿戴设备、压力测力垫等感应装置，能够实时采集运动员的速度、力量、肌肉活动等生物力学数据。这些数据通过无线传输汇总到数据平台后，借助大数据分析和人工智能算法，就可以对其进行多角度、多层次的分析研究，揭示数据背后的运动规律和发展趋势。比如借助人工智能模型，能够预测最佳发力时机和力度，指导教练合理安排训练强度；又如通过对大量历史数据的深度学习，能够归纳总结出不同运动项目的生物力学规律，为制定科学训练方案提供理论指导。可以说，依托于信息技术，生物力学数据的采集和分析已经不再是"传统手工"的困境，而是实现了高精度、大规模、智能化的发展，有力支撑了精准化、个性化的体育训练。

提高体能素质是各项运动训练的基础，而智能化的体能训练监控和指导，正是信息技术应用于体育训练的又一创新领域。通过佩戴心率监测器、能量消耗检测仪等可穿戴设备，能够全程监测训练者的生理数据变化，如心率、血氧、代谢水平等。这些检测数据实时传输到训练监控系统，系统会根据大数据分析结果，对运动量是否过大过小、是否需要调整强度等进行智能分析评估，并及时给予反馈和指导建议，引导训练者进行合理高效的训练，避免受伤或过度训练。未来，更先进的 AI 技术或将实现智能训练师的功能，通过深度学习，系统可以针对每位训练者的体能数据和生理特征，制定出专属的个性化训练方案，并根据实时监控数据进行动态调整和优化。可以说，借助信息技术，体能训练正在摆脱传统的"经验主义"，向精细化、智能化的现代训练模式转变。

（三）在体育赛事组织中的应用

体育赛事是体育运动的重头戏，也是信息化技术展现作用的重要舞台。从赛事直播、计分系统到安全管理，信息技术无疑正在全方位助力赛事组织的现代化和智能化升级。

赛事直播是体育赛事的重要环节，而信息技术的应用使直播质量和观赏体验得到了极大提升。通过高清摄像机、无人机航拍、虚拟导播等先进设备和技术，可以为观众带来细腻入微、角度全面的直播画面。借助网络直播系统，赛事直播也不再局限于电视平台，而是可以通过互联网实现多终端、多渠道的覆盖，观众可随时随地在手机、电脑上观看比赛。有的直播系统还提供了回放、多角度切换、数据查看等增值功能，满足了不同用户的个性化需求。

值得一提的是，5G 和 VR/AR 等新兴技术为赛事直播带来了全新体验。5G 大带宽可以传输无卡顿的超高清视频；VR/AR 技术则能构建沉浸式的虚拟现场，使观众宛如身临其境，近距离体验赛事魅力。可以说，信息技术正在不断升级赛事直播的形式和质量。

体育赛事裁判员的判决直接影响着比赛公平公正，而信息技术的介入，无疑为高效精准的裁判决策提供了有力支持。首先，电子计分系统大大提高了比分统计的准确性和实时性，减轻了人工统计的工作强度，有效避免了失误和遗漏。这些系统通过感应装置和计算机自动记录得分，只要裁判确认即可。其次，多种辅助判决系统为裁判决策提供了可靠的技术支持。如视频助理裁判系统，通过多角度慢镜头回放，可以还原违规瞬间，消除视觉死角，使裁判能够依据影像佐证作出公正判决。再如球探和鹰眼技术，可以精准测算球的落点、飞行轨迹等，是网球、棒球等项目的利器。最后，人工智能技术的应用也为裁判决策带来了新的可能。例如机器视觉技术能够精准识别运动员的动作细节，预判违规风险；深度学习算法能够分析历史数据，预判裁判争议判决的合理性。这些智能辅助决策都将提高裁判质量，维护赛事公平。

赛事安全是赛事组织的重中之重。传统人力安保存在盲区漏洞，而现代信息技术则能够实现高效智能的安全管控。一方面，各类先进的感知设备如安防摄像头、智能门禁系统等，可以对赛场周边和内部进行全天候监控，及时发现可疑动向，防患于未然。二是通过大数据分析和人工智能算法，能够对安全数据进行研判，智能识别任何潜在风险，并自动触发相应的预警和应对措施。另一方面，5G物联网技术的应用也能为安全保障带来全新体验。通过对工作人员、设施设备、大型运输工具等"万物互联"，实现全程可视化监控，一旦发生任何异常情况，系统能立即作出反应与处置，最大限度地保障赛事顺利进行。除此之外，门禁系统、行李安检系统的智能化升级，观众视觉识别技术的运用等，也进一步提高了赛事安保的智能化和高效化水平。可以说，信息技术正在为赛事安全保驾护航，让整个赛事活动更加井然有序、安全可控。

（四）在体育科研与管理中的应用

信息化技术在体育科研和管理领域的应用同样卓有成效，正在为体育事业的发展提供有力的数据支撑和智能化管理工具。

大数据时代，体育数据资源日益丰富，而如何高效采集和深度分析这些数据，就成了体育科研的重点课题。借助先进的信息技术，高校正在构建专业化的体育大数据平台。这些平台集成了物联网感知设备、云计算、人工智能等技术，可以实现多源异构数据的高效汇聚，包括运动生物数据、比赛数据、教学数据、场馆设备数据等等。通过大数据挖掘和分析技术，高校可以揭示数据间的内在联系，发现新的规律性知识。比如基于大量历史比赛数据，可以建立运动规律模型，为战术策略研究提供理论支持；又如通过分析人群的体质状况和运动习惯大数据，可以研究不同人群的运动处方，为科学健身指明方向。可以说，大数据平台为体育科研注入了新的活力，必将加速体育理论创新和实践应用。

体育教学管理工作体量庞大，环节复杂，而信息化管理系统的应用则能够极大提升教学管理的质量和效率。这些系统通常包含课程管理、成绩管理、教学资源管理等多个模块。例如，教师可在线发布课程通知、布置作业、组织考试，学生也可以在线选课、交作业、查询成绩；再如系统中可以集成丰富的教学资源库，为师生提供优质的课程资源支持。同时，系统还能通过大数据分析，为教学质量评价和师资管理提供决策依据。一些高校还在传统系统的基础上，融入了人工智能等新技术，实现智能分班、智能评教、教学预警等创新功能。可以说，信息化教学管理平台已然成为体育教师和管理人员的得力助手，有效提升了体育教学的管理水平。

体育科研是一项系统工程，需要多学科的理论指导和力量协作。而借助协同科研平台，不同单位、不同领域的研究人员就能共享数据资源，实现线上实时交流协作，避免资源重复建设和研究重复开展。这些平台不仅提供科研项目信息共享、文献资源共享的功能，还支持远程协作编写、数据模型共享等多种协同方式。科研人员可以实现跨地域的紧密合作，极大降低了时空成本。另一方面，科研成果共享平台的建立，也打破了信息孤岛，推进了体育科研成果的开放和流通。研究者可以及时了解同领域的前沿研究动态，避免学术孤岛，促进交流借鉴；公众用户也能方便获取科普资源，提升体育科学意识。可以说，协同科研平台和成果共享平台，实现了体育科研力量的有机整合和创新潜能的充分释放，必将推动学科建设和学理创新再上新台阶。

总之，从大数据分析、教学管理到科研协同，信息化技术在体育科研与管理领域的全面应用，正在催生管理现代化和科研智能化的新格局。信息化已成为体育事业高质量发展的重要引擎，也必将为我国体育强国梦想贡献重要力量。高校要积极拥抱信息化潮流，持续深化信息技术与体育事业的融合创新，以科技力量助推体育事业的蓬勃发展。

三、信息化技术应用于体育教学拓展的策略

要充分发挥信息化技术在体育教学中的重要作用，推动体育教学改革与创新，就需要从多方面入手，采取有力措施，全面拓展信息化技术在体育教育领域的应用。

（一）加强信息化基础设施建设

信息化基础设施建设是推进信息技术与体育教学融合的前提和基础。一方面，要加大投入力度，不断完善校园有线和无线网络等基础设施，确保网络信号覆盖和带宽满足体育教学需求。另一方面，要配备必要的硬件设备，如多媒体教室、虚拟仿真系统、智能化体测设备等，为信息化教学提供硬件支撑。还需要建设智能化的体育场馆。通过在体育馆、运动场等场所安装感应设备、监控设备等，能够实现对学生运动状态的实时监测和数据采集，为个性化训练指导和运动员身心数据分析提供支持。通过不断加强基础设施建设，才能为信息技术在体育教学中的广泛应用奠定坚实基础。

（二）建立信息化教学资源库

构建丰富的信息化教学资源库，是推动体育信息化教学的关键一步。可以

充分利用现有网络资源，同时也要组织专业团队自主开发适合本校体育教学的优质资源，包括体育教学视频、虚拟仿真案例库、技术动作分析素材、体能训练方案等，形成系统完备、特色鲜明的资源库。同时，还要建立规范的资源管理机制，对资源进行分类整理、标准化处理，便于检索和调用。资源库的建设要坚持共建共享理念，既要整合校内各类资源，又要对接社会上的优质资源，形成资源开放、流通共享的体系，为师生提供丰富的学习资源。

（三）培养教师信息化教学能力

信息化教学能力是教师运用现代信息技术开展教学的基本素养。要通过多种形式加强对体育教师的信息化培训，提高其信息素养和应用能力。一方面，可以邀请专家教师开设定期培训课程，传授信息技术理论知识和实操技能；另一方面也要积极鼓励教师自主学习，利用在线课程、教学社区等自我提升信息化水平。在教师职业发展机制上也要体现信息化能力的重要性，将其作为教师职称评聘、绩效考核的重要依据，从制度层面为教师运用信息技术创造良好环境和动力。只有培养了一支精通信息技术的高素质体育教师队伍，信息化体育教学才能真正落到实处。

（四）加强信息化技术研究与创新

随着信息技术的不断更新发展，体育教学也亟须与时俱进，主动探索信息技术与体育教学深度融合的新模式、新途径。因此，高校要高度重视相关的教育教学研究与技术创新，为信息化体育教学提供理论支撑和技术储备。一方面，要鼓励教师积极开展教育教学研究，探索将新技术应用于体育教学的新思路新方法，形成具有操作性的教学设计方案；另一方面，也要支持相关学科专业开展技术研发，瞄准体育教学的实际需求，自主研发切合实际的教学应用系统、评测分析软件等，推动教学方式和手段的持续创新。同时还要加强校企合作，整合高校、科研机构和企业的优势资源，集聚多方智力，共同攻克信息技术与体育教学融合中的重点难点问题，推进关键核心技术的突破，不断拓展信息化技术在体育教育领域的应用广度和深度。

全面拓展信息化技术在体育教学中的应用，需要从完善基础设施、建设资源库、培养教师能力、加强技术研发等多个层面发力，才能真正发挥信息技术在体育教育中的重大作用，推动体育教学创新发展，培养适应时代需求的体育人才。

四、在体育教学中应用信息化技术的注意事项

随着信息技术在体育教学中应用日益广泛，高校应高度重视并正确认识信息化教学的作用和影响，同时也要注意把握好信息化教学的利弊关系，避免流于形式主义，引导信息技术更好地服务于体育教育事业的发展。

第一，要正确认识信息化技术的作用与局限。高校体育教师需要清醒认识到，信息化技术只是辅助手段，其作用在于更好地服务于教学目标的实现，而非取代教师和传统教学的根本。教师依然是教学主体，是课程内容和教学方法的主导者，信息技术无法替代教师的核心地位。高校体育教师要摒弃"信息化技术万能"的片面理解，谨防陷入"高科技过度迷恋"的误区。其次，信息化技术在体育教学中的应用存在一定局限性和缺陷，高校体育教师不能期望它能够完美解决所有教学难题。例如虚拟现实模拟训练虽然安全可控，但毕竟无法代替真实场景下的实战练习，无法完全体会真实环境带来的压力和挑战；再如智能监控辅助体能训练固然可以防止过度训练，但也可能导致学生被动依赖，主动性不足等。因此，高校体育教师需要清晰认识信息化技术的作用边界和局限性，既不能片面否定其价值，也不能过度美化其作用，而是要客观全面地看待它，保持理性头脑，并有针对性地防范和补足其不足。

第二，坚持因材施教，避免"信息化"过度。推进信息化教学无疑是一个渐进式的过程。在现实教学中，高校体育教师不能一味追求形式主义的信息化，而应因地制宜、因材施教，合理确定和控制信息技术的应用程度。比如在基础理论课堂，不宜过度使用虚拟现实等技术手段，传统多媒体演示或许就已足够；再如对于某些技巧性运动项目，现场实战仍是不可或缺的环节，不应完全依赖虚拟现实的模拟训练。高校体育教师应当根据具体教学内容的特点和培养要求，合理选择契合的信息化手段，恰当发挥其效用，避免信息化程度过高，导致超出学生知识和技能水平，反而适得其反。

第三，重视信息素养培养，防止受教育的信息鸿沟。当前不少学生存在信息素养不足的问题，如缺乏数字化学习意识和能力、媒体素养培养滞后等，这就可能阻碍他们充分利用信息化教学资源，反而使信息鸿沟进一步加大。因此，在推行信息化教学时，高校体育教师必须高度重视信息素养的同步培养。一方面，高校体育教师需要加强信息技术的基础教育，使学生掌握运用多媒体、网

络资源等技能，提升数字化学习能力。另一方面，还应渗透信息素养教育在具体的课程教学之中，培养学生的信息鉴赏力、信息管理能力、媒体运用技能等，引导学生合理高效地利用信息资源。只有通过系统的信息素养培养，才能避免信息鸿沟扩大，确保广大学生群体真正获益于信息化教学，实现公平而有质量的现代教育。

第四，注重师资队伍信息化培训，助力信息化教学实施。优秀的师资队伍是信息化教学落地生根的关键。然而当前，不少体育教师存在信息化教学理念和技能滞后的问题，制约了信息技术在教学中的应用推广。因此，大力加强体育师资队伍的信息化培训迫在眉睫。培训的内容应包括信息化教学理念更新、现代教育技术应用、数字化教学设计、教学资源开发利用等多个方面，系统提升教师的信息素养和实操技能。同时，还应注重发挥教师的主体作用，引导他们主动思考信息化背景下的新型教学设计，体现其教学专业主动权。除了培训外，重视信息化教学的绩效考核，完善信息化教学保障机制，改善相关硬件设施条件等，也是确保师资队伍信息化建设的重要环节。只有教师队伍先行一步，信息化教学的实施才能行稳致远。

第五，重视信息安全与道德风险防范。信息化教育虽然给教与学带来了全新机遇，但与此同时，也引发了一系列新的安全和道德风险隐患。网络环境容易遭遇黑客攻击、病毒侵袭，个人信息和知识产权也面临泄露窃取的危险，这就要求高校体育教师高度重视信息安全防护。另一方面，网络空间的虚拟性和匿名性，也滋生了不少网络欺凌、谣言造谣等不道德行为，这些都可能影响师生的身心健康和教育教学秩序。因此，高校体育教师必须重视加强网络道德教育，增强师生的网络安全防范意识和道德修养。同时，学校和有关部门也应完善信息管理制度，建立监督机制，从技术层面和制度层面入手，为信息化教学创造清朗空间。只有从根本上解决好信息安全和道德风险，信息化教学才能真正行稳致远。

在信息化技术日益深入体育教学领域的今天，高校体育教师要正确认识信息化手段的作用和局限，并着力防范和化解其潜在风险，如此才能充分释放信息技术的教育效能，将其作为推进体育教育现代化的重要助力，为培养时代新人、助力体育强国贡献力量。

参考文献

[1] 施小花著.当代高校体育教育理论与发展探究 [M].长春：吉林人民出版社，2021.09.

[2] 杨景元，董奎，李文兰.体育教学管理与教学现状 [M].长春：吉林人民出版社，2019.

[3] 周春娟.高校体育教学的影响因素分析与改革探索 [M].青岛：中国海洋大学出版社，2018.

[4] 马鹏涛.高校体育教学改革创新与科学化训练研究 [M].北京：新华出版社，2018.

[5] 夏越.现代高校体育教学研究 [M] 北京：北京理工大学出版社，2019.

[6] 陈轩昂.新时期高校体育教学的改革与发展 [M] 北京：航空工业出版社，2019.

[7] 谷茂恒，姜武成.高校体育教学评价体系的构建 [M] 北京：航空工业出版社，2019.

[8] 廖建媚.高校公共体育教学环境研究 [M].厦门：厦门大学出版社，2019.

[9] 刘伟.高校体育教育创新理念与实践教学研究 [M] 北京：九州出版社，2019.

[10] 张红玲.高校学术文库体育研究论丛刊乒乓球教学与训练 [M].北京：中国书籍出版社2019.

[11] 杨春越，林柔伟，蒋文梅.体育教学设计与实践 [M].延吉：延边大学出版社，2017.

[12] 姜汉瑾，武斌体育训练与健康教育 [M].长春：吉林文史出版社，2017

[13] 江宇.大学体育与健康 [M] 苏州：苏州大学出版社，2017

[14] 张京杭.高校体育教学方法实践探索 [M] 北京：现代出版社，2019.

[15] 郝英.高校体育教学俱乐部的组织与设计 [M] 北京：九州出版社，2019

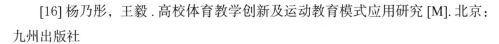

[16] 杨乃彤，王毅. 高校体育教学创新及运动教育模式应用研究 [M]. 北京：九州出版社

[17] 吴英清，王志平，孙荣艾. 拓展训练融入高校体育教学的思考 [J]. 当代体育科技，2024，（第 7 期）.

[18] 周桂琴. 高校体育教学方法与创新教育的探析 [J]. 当代体育科技，2023，（第 35 期）.

[19] 葛金琰，闫振龙，李云镖. 基于虚拟现实技术的高校体育教学应用研究 [J]. 文体用品与科技，2022，（第 17 期）.

[20] 张贵林. 高校体育教学多媒体技术运用方式 [J]. 中国新通信，2017，（第 20 期）.

[21] 权龙. 高校体育教学内容改革研究 [J]. 文体用品与科技，2021，（第 15 期）.